Kohlhammer
Urban-
Taschenbücher

Band 342

Dirk Revenstorf

Psycho-therapeutische Verfahren

Band III: Humanistische Therapien

Zweite, überarbeitete Auflage

Verlag W. Kohlhammer
Stuttgart Berlin Köln

Für Foelke und Sandra

CIP-Kurztitelaufnahme der Deutschen Bibliothek

Revenstorf, Dirk:
Psychotherapeutische Verfahren / Dirk Revenstorf. –
Stuttgart; Berlin; Köln: Kohlhammer

Bd. 3. Humanistische Therapien. – 2., überarb. Aufl. – 1993
(Urban-Taschenbücher; Bd. 342)
ISBN 3-17-012628-8
NE: GT

2., überarbeitete Auflage 1993

Stuttgart Berlin Köln
Verlagsort: Stuttgart
Umschlag: Studio 23
Gesamtherstellung:
W. Kohlhammer Druckerei GmbH + Co. Stuttgart
Printed in Germany

Inhalt

Vorbemerkung

Behaviorismus und Verhaltenstherapie können als Antithese zur Psychoanalyse verstanden werden, deren Konzeption einer internen Determination des Verhaltens in vieler Hinsicht unbefriedigend ist. Sie erschwert die Objektivierung von Krankheits- und Therapieprozessen und hindert die Überprüfung und Verbesserung therapeutischer Praxis. In der Komplexität ihrer Persönlichkeitstheorie ebenso wie in der Rekonstruktion der kindlichen Konfliktgeschichte liegt etwas Spekulatives, was empirischem Denken widerspricht. Hinzu kommt das finstere Bild, das die Psychoanalyse vom Menschen zeichnet, den sie vom Trieb beherrscht sieht, den er nur mühsam kaschieren kann und der in seiner schwer sozialisierbaren Eigenart für spontane positive Erfahrungen keinen Raum zu lassen scheint.
Die Verhaltenstherapie setzt an diese Stelle Lernprozesse, die sich wertfrei betrachten lassen und gleichermaßen neurotisches und normales Verhalten steuern. Ähnlich wie in der Psychoanalyse ist hier die Vorstellung, daß menschliches Verhalten durch den Ausgleich von Defiziten bestimmt ist. Handlungsmotivation sind biologische Grundbedürfnisse, wie Hunger, Durst, Sexualität, das Bedürfnis nach Zuwendung und Sicherheit. Deren Befriedigung wirkt verstärkend und steuert den Aufbau von Verhaltensweisen und Hemmungen. Hinzu kommt, daß sich Gewohnheiten verselbständigen und dann unabhängig von den Bedürfnissen eine überragende Rolle spielen können. Der Mensch als Bündel von Gewohnheiten und Reflexen, die extern ausgelöst werden, folgt damit in seinem Verhalten den gleichen Gesetzen, wie Tiere niederster Ordnung. Dem ist kritisch entgegengehalten worden, daß hier nichts spezifisch Menschliches zum Ausdruck kommt. Außerdem legt die lerntheoretische Auffassung des Verhaltens nahe, daß einzelne Störungen durch getrennte Lernprozesse zustande kommen und isoliert betrachtet werden könnten – ein Elementarismus, der, wie das kausale Denken, aus der naturwissenschaftlichen Betrachtungsweise stammt.
Psychoanalyse und Behaviorismus sind aufgrund ihrer Anwendung in der therapeutischen Praxis die wohl folgenreichsten psychologischen Theorien der ersten Hälfte des Jahrhunderts. Das Menschenbild, das sich aus diesen Ansätzen herleitet, zeigt jedoch erhebliche Schwächen, so daß damit das Selbstverständnis der meisten Menschen nur unzureichend erfaßt wird:

1. *Die freie Entscheidung* ist nicht vorgesehen: menschliches Verhalten ist biographisch durch die kindliche Lern- und Konfliktgeschichte determiniert.
2. Nach Auffassung der Psychoanalyse ist der Mensch in seinen *primären Bedürfnissen* inzestuös, promisk, zerstörerisch und egoistisch. Er kann sie nur in abgewehrter Form ausleben. So als gäbe es keine natürliche Selbstlosigkeit in der Liebe, keine konstruktive Abgrenzung in der Selbstbehauptung u. ä.
3. *Selbstentfaltung* des Individuums steht nicht im Vordergrund – sein Verhalten ist vielmehr durch die Beseitigung von Bedürfnissen gekennzeichnet. Diese Bedürfnisse selbst können angeblich nicht lustvoll sein: Neugier, Liebe oder Schaffensdrang zu spüren ist nur insofern angenehm, als das dadurch entstehende Defizit beseitigt wird.
4. *Zielgerichtete Bewältigung* von Aufgaben sei nicht des Menschen Handlungsimpuls. Vielmehr sei er ständig mit der Abwehr seiner Triebe beschäftigt.
5. Nach Auffassung des Behaviorismus hat der Mensch nichts spezifisch *Humanes:* In den Lernmechanismen gleicht er einfachen Tieren.
6. Für *Spontaneität* ist in diesem Bild kein Platz: Das Verhalten wird durch externe Umstände (Auslöser und Konsequenzen) aufrecht erhalten.
7. *Identität* des Individuums als verbindende Basis aller seiner Handlungen ist im behavioristischen Modell nicht festzumachen, da hier seine Verhaltensweisen als Resultat isolierter Lernprozesse betrachtet werden.

Viele Psychologen wollte daher weder die Psychoanalyse noch der Behaviorismus befriedigen. Weder in der Theorienbildung, noch in der Therapie, und am wenigsten in dem resultierenden Menschenbild. Sie schlossen sich zu einer »dritten Kraft«, der humanistischen Psychologie, zusammen, um die Schwächen beider Denkansätze zu überwinden. 1962 gründeten Abraham Maslow, Charlotte Bühler, Carl Rogers, Arthur Köstler u. a. die *Association of Humanistic Psychology* und stellten folgendes Programm in vier Thesen auf (Bühler & Allan, 1973):

1. *Erleben:* Im Zentrum der Aufmerksamkeit steht das Erleben, nicht das Theoretisieren und die Objektivierbarkeit.
2. *Non-Reduktionismus:* In den wichtigsten Eigenschaften unterscheidet sich der Mensch von allen anderen Arten. Dazu gehören Kreativität, Wertsetzung und Selbstverwirklichung.
3. *Sinnhaftigkeit:* Für eine relevante psychologische Forschung darf die Auswahl von Forschungsgegenstand und -methode nicht nach Objektivität um jeden Preis erfolgen, sondern danach, ob die Ergebnisse für die menschliche Existenz sinnvoll sind.
4. *Würde:* Das Ziel der humanistischen Psychologie ist es, die positiven Kräfte des Menschen herauszuarbeiten, nämlich die, die die Würde des Menschen verdeutlichen.

In einer solchen Selbstdefinition wollen die humanistischen Psychologen die kulturpessimistische Perspektive der Psychoanalyse und zugleich den Reduktionismus der Verhaltenstherapie überwinden. Dies kann als dialektische Ergänzung des genannten Gegensatzes verstanden werden: Unter Beibehaltung einer Ausrichtung auf das Praktisch-Relevante (wie die Verhaltenstherapie) möchte die humanistische Psychologie das spezifisch Menschliche wieder zur Geltung bringen. Dabei stützt sie sich auf mehrere Denkansätze.

Einmal beruft sich die humanistische Psychologie auf den *Existentialismus,* der die menschliche Grundbefindlichkeit durch seine Entscheidungsfreiheit definiert. Durch den Verlust animalischer Instinkte ist dem Menschen die unreflektierte Triebbestimmtheit genommen und die Freiheit der Entscheidung gegeben (vgl. Klages »Geist als Widersacher der Seele«, Fromms »Escape from Freedom«). Fromm (1954) sieht daher folgende existentielle Bedingungen des Menschen:

- Verlust der Instinkte
- Rastlose Produktivität
- Bewußtsein des eigenen Endes
- Kluft zwischen seinen Möglichkeiten und der Wirklichkeit
- Verlassenheit
- Freiheit zur Entscheidung.

In der Reflexion dieser Aspekte seines Lebens sucht der Mensch nach einem Sinn, nach einer Identität, die der Existentialismus darin sieht, daß der Mensch auf sein augenblickliches Erleben sich konzentriert. Die Existenz kommt vor der Essenz des Menschen.

Als zweites beruft sich die humanistische Psychologie auf *humanistische* Denker, die schon immer betont haben, daß der Mensch dann seiner Bestimmung nachkomme, wenn er sich in seinem Leben verwirklichen kann. Ihm wird die Fähigkeit zugestanden, sich mit freiem Willen für das Gute zu entscheiden. In der religiösen Variante ist dies die Entscheidung eines individuellen Weges zu Gott. In der existentialistischen Variante liegt dies in der Verantwortlichkeit, so zu handeln, daß es tragbar wäre, wenn alle Menschen gleiches täten. Wie Sartre (1981, S. 35) sagt: »Weil wir den Menschen daran erinnern, daß es außer ihm keine anderen Gesetzgeber gibt und daß er in seiner Verlassenheit über sich selbst entscheidet; und weil wir zeigen, daß nicht durch Rückwendung auf sich selbst, sondern immer nur durch Suche nach dem Ziel außerhalb seiner, welches diese oder jene Befreiung, diese oder jene besondere Verwirklichung ist – daß dadurch der Mensch sich als humanes Wesen verwirklichen wird.«

Als drittes stützt sich die humanistische Psychologie auf die Gestaltpsychologie, die sich als Antithese zum Elementarismus der Wundt'schen Experimentalpsychologie entwickelt hat. Seit Anfang des Jahrhunderts sind in der Wahrnehmungsforschung Ergebnisse gesammelt worden, die auf eine ganzheitliche Informationsverarbeitung hindeuten. Ein Quadrat wird nicht als eine Anordnung von geraden Linien wahrgenommen, sondern hat eine eigene Qualität (Übersummativität). Ein Quadrat wird in allen Drehrichtungen als solches wahrgenommen (Transponierbarkeit). Eine Bewegung wird nicht als Sequenz der Empfindungen eines Reizes in verschiedenen Positionen, sondern als eigene Qualität wahrgenommen (Phi-Phänomen). Diese und viele andere Beispiele legen nahe, daß der Mensch dazu tendiert, Gestalten nach bestimmten Gesetzen der Formbildung als Ganzes wahrzunehmen. Diese Tendenz zur Gestalt wurde auf die Motivation und auf zwischenmenschliche Beziehungen übertragen. Die Gestaltpsychologie stellt eine Analyse der Bewußtseinsprozesse dar, die der humanistischen Denkweise insofern nahe steht, daß Gestaltwahrnehmung eine Art Suche nach dem Sinn in einer Erfahrung darstellt. Die Ganzheitsprinzipien sind auf Denkgestalten angewendet worden: der Gedanke schließt sich, wenn plötzlich ein Sinnzusammenhang deutlich wird (Aha-Erlebnis), oder auf Bedürfnisgestalten, die ebenfalls darauf drängen, sich zu schließen. Dieser Gedanke wird besonders in der Gestalttherapie wieder aufgegriffen.

Maslow (1968) war wie viele andere Psychologen von der moralischen Indifferenz des Behaviorismus und von der pessimistischen Einschätzung der menschlichen Natur in der Psychoanalyse unbefriedigt und wollte: »beweisen, daß die Menschen zu Größerem fähig sind, als zu Krieg, Haß und Vorurteil«. Die Psychologie sollte seiner Auffassung nach mehr sehen, als einen Menschen, der zu allem gemacht werden kann, oder nur aus Abwehr des Bösen heraus konstruktiv wird. Er hatte daher den Anspruch, das erfreuliche, das uneigennützig Gute im Menschen wiederzufinden. Und er hat geglaubt, dies in seiner Untersuchung kreativer Menschen gefunden zu haben. Ein kreativer Mensch entwickelt eine Motivation zur Selbstverwirklichung, und zwar dann, wenn er seine Grundbedürfnisse nach Selbstachtung, Liebe, Sicherheit und seine physiologischen Bedürfnisse befriedigt sieht. Dann strebt er nach mehr, nach Dingen, die ein positives Menschenbild definieren. Nämlich nach Sinnhaftigkeit, Ordnung, Gerechtigkeit, Vollkommenheit, Individualität, Lebendigkeit, Schönheit, Güte und anderen Dingen, die in der folgenden Aufstellung zusammengefaßt sind. Mit dieser hierarchischen Theorie der Motivation glaubt Maslow den Weg aufgezeigt zu haben, wie Menschen zu einer positiven Existenz wachsen können. All diese Dinge sind primäre Bedürfnisse, womit er die Vermutung widerlegt sieht, daß das primäre, spontane Sein des Menschen notwendigerweise destruktiv sein muß.

Selbstverwirklichung ↑

Wachstums-Bedürfnisse

1. Wahrhaftigkeit
2. Güte
3. Schönheit
4. Lebendigkeit
5. Individualität
6. Vollkommenheit
7. Notwendigkeit
8. Umsetzung
9. Gerechtigkeit
10. Ordnung
11. Einfachheit
12. Reichhaltigkeit
13. Verspieltheit
14. Mühelosigkeit
15. Selbstgenügsamkeit
16. Sinnhaftigkeit

Grundbedürfnisse

17. Selbstachtung, Achtung vor dem anderen
18. Liebe und Zugehörigkeit
19. Sicherheit
20. Physiologische Bedürfnisse
    (Luft, Wasser, Nahrung, Unterkunft, Schlaf und Sex)

Voraussetzung zur Erfüllung des Grundbedürfnisses:
Freiheit, Gerechtigkeit, Geordnetheit, Stimulation

Die hier skizzierten Gedanken, die ohne kritische Reflexion hingestellt wurden, tauchen in den im folgenden zu diskutierenden Therapieformen als anthropologische Postulate wieder auf und werden dort in der Interaktion zwischen Therapeut und Klient umgesetzt. Es wurden drei Therapieformen ausgewählt: Gesprächstherapie, Gestalttherapie und Hypnose.

Empfohlene Literatur

Bühler, Ch. & Allen, M., Einführung in die humanistische Psychologie. Stuttgart: Klett 1973

Maslow, A., Psychologie des Seins. TB 2195. München: Kindler 1973

Revenstorf, D., Die dritte Kraft: Humanistische Psychologie. In: Stahlmann, R. (Hrsg.): Kindlers Handbuch der Psychologie. München: Kindler 1982

9. Gesprächstherapie

9.1 Historisches

Kann man eine konstruktive Persönlichkeitsentwicklung durch Gespräche fördern oder kann man die seelische Funktionsfähigkeit dadurch wieder herstellen? – Solche Fragen haben die Menschen schon immer beschäftigt und Gespräche sind seit jeher in dieser Weise eingesetzt worden, nicht nur im pädagogischen Bereich, sondern auch in der Beratung durch den Freund oder durch den Priester. Es ist das Verdienst des amerikanischen Psychologen Carl Rogers, die psychologischen Vorgänge erforscht zu haben, die in hilfreichen Gesprächen eine Rolle spielen. Er hat die Qualitäten eines förderlichen Gesprächspartners (Therapeuten) erforscht, die daraus entwickelte Therapieform praktiziert und auch versucht, sie empirisch auf ihre Effektivität zu überprüfen.

Carl Rogers (geb. 1902) hat zunächst Theologie und Pädagogik studiert und war in psychoanalytisch orientierter Beratung in verschiedenen Stellen (mit Kindern, Jugendlichen, Delinquenten, Studenten) tätig. Dabei kam er zunehmend zu der Überzeugung, daß die tiefenpsychologische Behandlungsmethode zur Bewältigung psychologischer Krisen unbefriedigend sei. Als Alternative dazu hat er ein partnerschaftliches, nicht-direktives und antiautoritäres Prinzip der seelischen Hilfe entwickelt. Rank's Idee, daß dem Klienten in der therapeutischen Beziehung insbesondere Geborgenheit und Sicherheit geboten werden müsse, gab ihm dazu einen entscheidenden Anstoß. Nach Rank ist die therapeutische Beziehung selbst schon heilsam – die Aufarbeitung der Fehlentwicklung kann sogar hinderlich sein. Diese Art der Beziehungstherapie, die sich in der Gegenwart abspielt, greift Rogers auf. Ein Konzept dazu hat er zum erstenmal 1942 veröffentlicht. Später (1951, 1961) hat er die psychologischen und philosophisch-theoretischen Grundlagen zu einer Therapie ausgearbeitet. In den darauffolgenden Jahren erfolgten umfangreiche empirische Studien über die Effekte einer solchen Therapie auf den Klienten und die wesentlichen Merkmale eines effektiven Therapeuten (1954, 1967). Das Konzept einer nicht-direktiven zwischenmenschlichen Beziehung als Medium konstruktiver Persönlichkeitsentwicklung ist auf Encounter-Gruppen ausgedehnt worden (1970). Von Axline (1943) ist im Anschluß an Rogers die nicht-direktive Kindertherapie entwickelt worden.

Die Arbeit von Carl Rogers ist in den letzten 20 Jahren aufgegriffen und erweitert worden, insbesondere von den Amerikanern Truax & Carkhuff (1967) und in Deutschland von Tausch (1974) neben vielen anderen. Die Ergebnisse dieser zahlreichen Untersuchungen haben im wesentlichen Rogers Vorstellungen über ein effektives therapeutisches Gespräch gestützt, wenn auch nicht ohne Widersprüchlichkeit (s. Kapitel 9.5). Hinsichtlich der therapeutischen Strategie ist in jüngerer Zeit der Schwerpunkt auf die Erlebnisaktivierung im Gespräch gelegt worden (Gendlin 1974).

9.2 Persönlichkeit und Entwicklung

Rogers zentrale Annahme ist, daß in jedem Menschen das Bedürfnis nach einer positiven Auseinandersetzung mit sich und seiner Umwelt, insbesondere seiner sozialen Umwelt, vorhanden ist. Dieses Bedürfnis nach einer liebenden und fürsorglichen Beziehung zu anderen Menschen ist häufig ganz oder teilweise verschüttet.

Die zweite zentrale Annahme ist die, daß die Begegnung mit einem Gesprächspartner, der bestimmte Bedingungen der Gesprächssituation erfüllt, dem Klienten hilft, sich mit seiner eigenen Person derart auseinanderzusetzen, daß diese verschütteten, positiven Seiten und Erlebnisqualitäten wieder freigelegt werden. Um Tausch (1978) zu zitieren: »Die seelische Funktionsfähigkeit und Persönlichkeitsentwicklung einer Person wird entscheidend gefördert in einem Beziehungsverhältnis, in dem ein Partner (gewöhnlich Therapeut) einfühlendes, nicht-wertendes Verstehen (Empathie), Anteilnahme – Achtung – Sorge (Akzeptanz) sowie Echtheit (Kongruenz) lebt. Die hilfesuchende Person (Klient) nimmt dies weitgehend wahr und erfährt es unmittelbar gefühlsmäßig. Hierdurch setzt sie sich aktiv mit ihrer innerern Erlebniswelt und dem eigenen Selbst auseinander« (S. 1915).

Es sind also drei Qualitäten, die ein Therapeut im Gespräch an den Tag legen muß, um eine positive Änderung im Klienten hervorzurufen. Er muß

- achtungsvoll sein – anstatt sachlich und distanziert
- nicht-wertend, einfühlend sein – anstatt zu werten, zu beurteilen und eigene Maßstäbe anzulegen
- er muß echt, kongruent sein – anstatt fassadenhaft, unecht in seinem Verhalten.

Rogers Konzept der therapeutischen Einwirkungen und Änderung ist ganzheitlich. Es ist eine globale Maßnahme – wenn sich auch

drei komplexe Aspekte aussondern lassen, die nach Rogers alle gleichzeitig vorhanden sein müssen. Und sie wirkt global auf den Klienten, unabhängig von seinem spezifischen Leiden oder seiner spezifischen Persönlichkeitskonstellation.
Rogers (1961) hat seine Vorstellungen über die Persönlichkeit und Persönlichkeitsentwicklung und die dabei auftretenden Schwierigkeiten in Form von Thesen formuliert. Die ersten sechs Thesen betreffen seine humanistische Sicht des Menschen als Individuum.

1. Jedes Individuum existiert in einer beständig veränderten Welt der Erfahrung, deren *Mittelpunkt* er ist.
2. Der Organismus reagiert auf das Umfeld, wie es erfahren und wahrgenommen wird. Dieses Wahrnehmungsfeld ist für das Individuum die *Realität.*
3. Der Organismus reagiert auf das Wahrnehmungsfeld als ein organisiertes *Ganzes.*
4. Verhalten ist der *zielgerichtete* Versuch des Organismus, seine Bedürfnisse, wie sie in dem wahrgenommenen Feld erfahren werden, zu befriedigen.
5. Das zielgerichtete Verhalten wird begleitet und gefördert durch *Emotionen,* die in Beziehung stehen zu den Befriedigung suchenden Aspekten des Verhaltens. Die Intensität der Emotion steht in Beziehung zu der wahrgenommenen Bedeutung des Verhaltens für die Erhaltung und Erhöhung des Organismus.
6. Der Organismus hat die grundlegende Tendenz, den Erfahrung machenden Organismus zu *aktualisieren,* zu erhalten und zu erhöhen.

Diese Leitsätze entsprechen dem Programm der Humanistischen Psychologie (vgl. Bühler & Allen, 1973): Das Primat des Erlebens (Thesen 1, 2, 5), die Betonung des Strebens nach Sinn (Thesen 4, 6) und des Non-Reduktionismus (These 3). Weitere sechs Thesen betreffen Entwicklung und Fehlentwicklung des Individuums:

1. Ein Teil des gesamten Wahrnehmungsfeldes entwickelt sich nach und nach zum *Selbst.*
2. Als Resultat der Interaktion mit der Umgebung und insbesondere als Resultat *wertbestimmender Interaktionen* mit anderen wird die Struktur des Selbst geformt – eine organisierte, fließende und begriffliche Struktur von Wahrnehmungen, von Eigenschaften und Beziehungen des Selbst zusammen mit den zu diesen Konzepten gehörenden Werten.
   Die zu den Erfahrungen gehörenden Werte und die, welche einen Teil der Selbststruktur bilden, sind in manchen Fällen von anderen übernommen und in verzerrter Form wahrgenommen worden, so als wären sie direkt erfahren worden.
3. Wenn Erfahrungen im Leben des Individuums auftreten, werden sie entweder *symbolisiert,* d. h. wahrgenommen und in eine Beziehung zum

Selbst organisiert – oder ignoriert, weil es keine wahrgenommene Beziehung zur Selbststruktur gibt, oder
verzerrt symbolisiert, weil die Erfahrung mit der Struktur des Selbst nicht übereinstimmt.

4. Psychische Anpassung liegt vor, wenn das Selbstkonzept so ist, daß alle Körper- und Sinneserfahrungen des Organismus auf einer symbolischen Ebene in eine übereinstimmende Beziehung mit dem Konzept des Selbst *assimiliert* werden können.
5. Psychische Fehlanpassung liegt vor, wenn der Organismus vor dem Bewußtsein wichtige Körper- und Sinneserfahrungen leugnet, die demzufolge nicht symbolisiert und in die Selbststruktur integriert werden. Wenn ich z. B. nicht sehen will, wie andere über mich denken, wenn ich einen Mißerfolg nicht als solchen hinnehme, wenn ich meine Aggression und erotische Anziehung bezüglich einer anderen Person nicht zulasse. Wenn diese Situation vorliegt, gibt es eine grundlegende und potentielle psychische *Spannung*.
6. Verhalten kann in mancher Weise durch biologische Bedürfnisse und Erfahrungen verursacht werden, die nicht *symbolisiert* werden. Solches Verhalten muß im Widerspruch zur Struktur des Selbst stehen; in den meisten Fällen erlebt das Individuum das Verhalten als nicht ihm zu eigen.

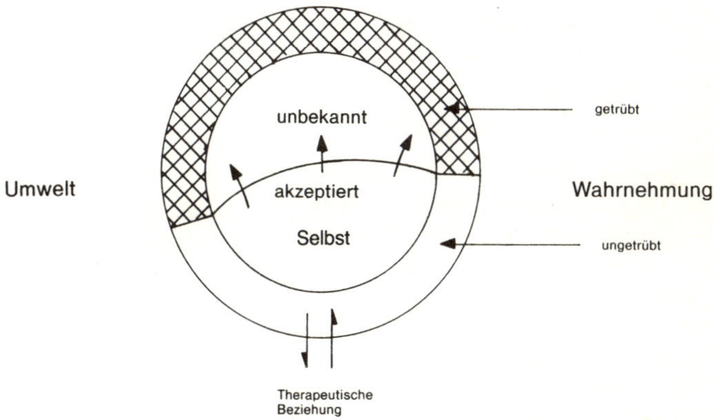

Abb. 9.1: Das Selbst nach Auffassung der Gesprächstherapie. Es enthält bekannte und unbekannte Zonen, und Teile der Wahrnehmung sind verzerrt

Schwierig bleibt bei dieser zunächst plausiblen Bestimmung von seelischer Verformung, wie die Grenze zwischen subjektiver, gesunder und verzerrter Wahrnehmung der Welt zu ziehen ist. Damit die Definition nicht zirkulär wird, muß man auf den körperlichen

Ausdruck der Fehlanpassung (Spannung, psychosomatische Beschwerden) zurückgreifen.
Das Ideal einer vollfunktionierenden Persönlichkeit sieht nach Rogers folgendermaßen aus:

1. *Offenheit* gegenüber Erfahrungen, keine Abwehr
2. Genaue und differenzierte *Symbolisation* von Erfahrungen
3. *Kongruenz* zwischen Selbststruktur und Erfahrungen
4. *Flexibilität* der Selbststruktur
5. *Lokalisation* von Bewertungen und Entscheidungen primär im Selbst
6. Bedingungslose positive *Wertschätzung* des eigenen Selbst
7. Kreative *Anpassung* an neue Situationen
8. Erfolgreiche Verhaltensregulation orientiert an eigenen *Bedürfnissen*
9. Unverzerrte *Realitätswahrnehmung*
10. Leichte *Korrektur* von Fehlentscheidungen
11. Ungehindertes Annehmen und Vergeben positiver *Wertschätzung*
12. Reife und befriedigende soziale *Interaktion*

Diese Begriffe sind wegen ihrer Komplexität und Absolutheit kritisiert worden (s. Abschnitt 9.5). Es sind anthropologische Normen, deren Erfüllung mangels einer Definition der jeweils notwendigen Ausprägung schwierig zu beurteilen ist. Zugleich markieren diese Begriffe die Wachstumsideologie, die auch den anderen humanistischen Therapieformen zugrunde liegt.
In Übereinstimmung mit wohl vielen Klinikern formuliert Martin (1975) etwas präziser folgende vier Merkmale einer Neurose:

1. Dysphorische Gefühle wie Angst, Schuld und Depression
2. Eingeschränkte Selbstachtung
3. Vermeidungsverhalten (Symptome)
4. Verminderte Problemlösefähigkeit

Nach Rogers' Vorstellungen von der Neurose sind dies Folgen einer mangelhaften Symbolisierung. Bestimmte Erfahrungen passen nicht zum Selbstbild, das von einer rigiden, nicht assimilierten Norm bestimmt ist (z. B. bezüglich Leistung, Anstand u. ä.). Dadurch entsteht Angst und in der Folge Vermeidung der problematischen Inhalte (z. B. Mißerfolge). Eigenes Verhalten als Teil dieser Erfahrungen kann nicht akzeptiert werden. Dadurch vermindert sich die Selbstakzeptanz, und es werden Dinge extern attribuiert (z. B. »Ich mußte so handeln«). Die Erfahrung wird so verzerrt, daß eine Änderung des Selbstbildes nicht notwendig wird. Diese vermuteten Zusammenhänge sind in Abbildung 9.2 schematisch dargestellt. Die angstreduzierenden und auf das Problem hinführenden Gespräche mit dem Therapeuten fördern eine unverzerrte Symbolisation (gestrichelter Pfeil in Abbildung 9.2) und eine Selbstbildkorrektur.

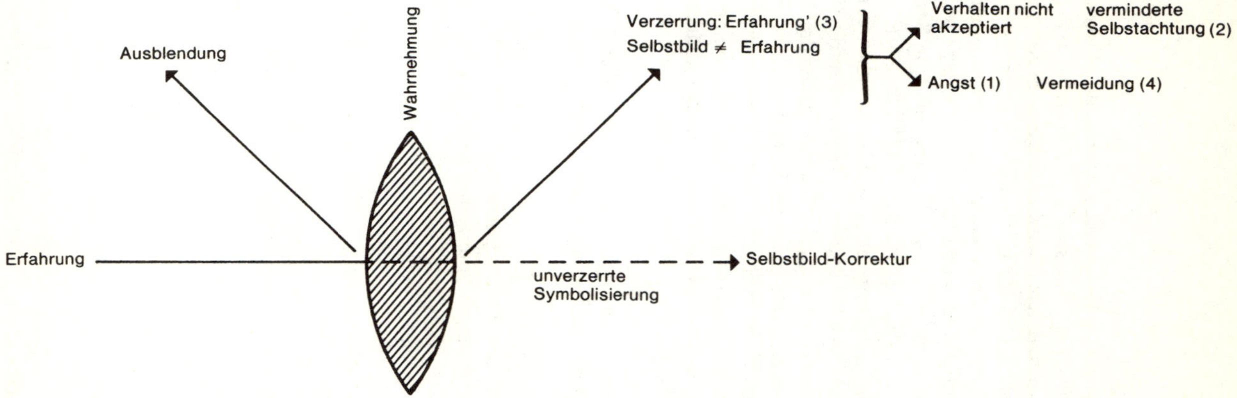

Abb. 9.2: Neurosemerkmale in der Gesprächstherapie: Ausblendung und Verzerrung von Erfahrung führen zu Angst, Vermeidung und eingeschränkter Selbstachtung, wenn das Selbstbild nichtassimilierte Normen enthält

9.3 Therapie

Allgemeines

In den therapeutischen Gesprächen spricht der Klient mit dem Therapeuten über seine gefühlsmäßigen Erlebnisse, seine persönlichen Erfahrungen und seine Schwierigkeiten. Er setzt sich dabei mit seinem Selbst, mit seinen Erfahrungen und Einstellungen auseinander. Dabei öffnet er sich und akzeptiert die Teile seines Selbst, die ihm bisher unbekannt waren bzw. die er verzerrt wahrgenommen hat. Ebenso korrigiert er seine Wahrnehmung in Bezug auf die Umwelt und die sozialen Beziehungen (Abbildung 9.1).

Diese Therapieform (client-centered-therapy, klientenzentrierte, personenzentrierte, nicht-direktive Gesprächstherapie, GT) wird wirksam, wenn der Therapeut die schon genannten drei Qualitäten zeigt. Diese Qualitäten sind nicht als Techniken zu verstehen und nicht in einfacher Weise trainierbar. Sie müssen nach Rogers und nach Tausch »gelebt« werden. Sie stellen also keine isolierten Maßnahmen dar, die beliebig eingesetzt werden können, sondern sie verkörpern die positiv erlebte Beziehung zu einem helfenden Gesprächspartner.

Die drei therapeutischen, oder besser, menschlichen Qualitäten sind unter verschiedenen Namen in der Literatur genannt worden, und zwar

a) *Einfühlung*, Empathie, Verstehen, Nichtwertendes Eingehen, Verbalisierung emotionaler Erlebnisinhalte (VEE).
b) *Wärme*, Akzeptanz, Achtung, Respekt, Wertschätzung, Unconditional positive regard
c) *Echtheit*, Kongruenz, Nicht-Fassadenhaftigkeit.

Diese Gesprächsqualitäten werden vom Klienten subjektiv wahrgenommen und bewirken

1. eine nicht-bedrohliche, *angstfreie Atmosphäre*
2. Anregung zur Auseinandersetzung mit sich selbst und *Erlebnisaktivierung*.

Die Gesprächstherapie dauert im allgemeinen zwischen 6 und 25 Sitzungen, wobei pro Woche normalerweise ein Gespräch der Dauer von 45 Minuten angesetzt wird. Häufig überprüft sich der Therapeut durch Tonbandaufzeichnungen, die er mit Kollegen bespricht (kollegiale Supervision), und der Klient füllt nach dem Gespräch einen Erfahrungsbogen aus. Aus diesen Angaben kann erschlossen werden, ob der Klient in dem Gespräch befriedigende Erfahrungen machte. Neben Einzelgesprächen wird dem Klienten in bestimmten Phasen der Therapie die Teilnahme an Encountergruppen, die klientenzentriert geleitet werden, empfohlen.

Einfühlung

Das einfühlende Verstehen, das sich jeder Wertung enthält, ist nach Rogers folgendermaßen definiert: »Es bedeutet, die persönliche Wahrnehmungswelt eines anderen zu betreten und völlig in ihr zuhause zu sein. Es umfaßt in jedem Augenblick Empfindsamkeit für die wechselnden Gefühlsbedeutungen, die in diesem anderen Menschen strömen, für Angst oder Mut, Zärtlichkeit oder Verwirrung oder was immer er oder sie gerade an Erlebnis erfährt.«
Es geht also darum, sich mit dem Inneren des anderen auseinanderzusetzen, zu erspüren, was in ihm vorgeht und dabei, Dank der Distanz und Unbetroffenheit, die man bezüglich des Problems des Hilfesuchenden hat, eine etwas klarere Sicht als er selbst an den Tag zu legen. Es geht *nicht* darum, Ratschläge, intellektuelle Interpretationen zu geben, eigene Erfahrungen mitzuteilen, eigene Maßstäbe und Bewertungen anzulegen, Belehrungen zu geben oder den anderen zu lenken.
Dies einfühlende Verstehen äußert sich nach Tausch in der Fähigkeit, emotionale Inhalte zu verbalisieren, VEE genannt. Es wurde dafür eine entsprechende Skala entwickelt.
Die Beurteilung des Therapeuten in bezug auf Verbalisierung emotionaler Erlebnisinhalte (VEE) wie auch anderer Merkmale kann in der direkten Beobachtung geschehen, wird meistens aber anhand von Tonbandaufzeichnungen vorgenommen. Eine ältere Beurteilungsskala stammt von Carkhuff (1969), der auch für die anderen beiden Therapeuten-Qualitäten Skalen entwickelt hat. Seine Skalen haben 5 Stufen, die sich von geringer Ausprägung des Merkmals (1) zu starker Ausprägung des Merkmals (5) erstrecken. Hier seien nur die beiden extremen Skalenstufen genannt.

Empathie-Skala (nach Carkhuff)

Stufe 1: Der Therapeut befaßt sich in seinen Äußerungen entweder nicht mit den sprachlichen oder nichtsprachlichen Äußerungen des Klienten oder schmälert diese deutlich, indem er bedeutsam weniger gefühlsmäßige Erlebnisse äußert als es der andere selbst tut. Der Therapeut zeigt nicht einmal, daß ihm die offen ausgedrückten Oberflächengefühle des Klienten bewußt sind, er mag gelangweilt oder uninteressiert sein, oder er geht von einem vorgefaßten Bezugspunkt aus, der den des anderen völlig ausschließt.

Stufe 5: Die Äußerungen des Therapeuten bereichern bedeutsam das Fühlen und die Bedeutung der Äußerungen des Klienten, indem sie die gefühlten Inhalte tiefergehend ausdrücken, als es der Klient selbst konnte oder indem sie im Falle fortschreitend tiefer Selbstexploration des anderen vollständig mit ihm gehen in dessen tiefsten Augenblicken. Der Therapeut geht mit Genauigkeit auf alle tieferen sowie oberflächlichen Gefühle des Klienten ein. Er ist »zusammen« mit dem Klienten auf »dessen Wellenlänge«.
Der Therapeut und der Klient können dazu übergehen, bisher unerforschte Bereiche der persönlichen Existenz des Klienten zu erforschen. Die Äußerungen des Therapeuten erfolgen mit voller Bewußtheit, wer der Klient ist, und mit umfassendem, genauem und tiefgreifendem Verständnis für dessen tiefste Gefühle und Erlebnisinhalte.

Rogers meint, daß die Einfühlung vom Klienten empfunden und nicht nur vom Therapeuten gezeigt werden muß. Eine Skala zur Einschätzung der Therapeutenqualität aus der Sicht des Klienten wurde von Barrett-Lennard (1962) entwickelt. Der Klient sagt nach der Stunde etwa folgendes:

»Der Therapeut verstand, was ich meinte und fühlte.«
»Er wußte fast immer genau, was ich meinte.«
»Er versuchte zu verstehen, wie ich die Dinge sehe.«

In gewisser Weise lebt der Therapeut dem Klienten die Klärung seiner Probleme vor. Er sucht die persönlichen Bedeutungen zu erspüren, die bestimmte Erfahrungen und Erlebnisse für den Klienten haben. Er ist offen für vielfältige Erlebnisse und Wahrnehmungen und Empfindungen der inneren Welt, ebenso wie der Klient. Er ist stark gefühlsmäßig beteiligt, ebenso wie der Klient. Er ist ebenso wie der Klient aktiv bemüht, die Wahrnehmungen der inneren Welt des Klienten zu klären und sich damit auseinanderzusetzen, das Selbst des Klienten kennenzulernen.
Aus diesen Beschreibungen geht hervor, daß ein wesentlicher Gesichtspunkt der therapeutischen Beeinflussung darin besteht, den Klienten mit seinen Problemen in Kontakt zu bringen. Dabei auftretende Gefühle zeigen an, daß es sich um für ihn wichtige Inhalte handelt. Hier geht die ganzheitliche Annahme ein, daß das volle Erleben eines Menschen immer gefühlsmäßige Untertöne verschiedener Stärke und Qualität hat. Wenn Störungen auftreten, werden Teile dieser Gefühle oder überhaupt das ganze Gefühl abgedrängt. Gerät der Klient mit seiner Gefühlswelt wieder in Kontakt, dann zeigt dies zugleich, daß er bisher unbekannte Teile seines Selbst akzeptiert.

Was macht der Therapeut, um diese Empathie zu fördern, um zu fördern, daß der Klient stärkeren Kontakt mit seinen Gefühlen bekommt?

- Er faßt zusammen, was er erspürt hat.
- Er konzentriert sich auf die dabei mitschwingenden Gefühle, Wünsche und Bedürfnisse – die der Klient vielleicht nicht so deutlich erkennt.
- Er versucht zu präzisieren:
  a) durch Nachfragen
  b) durch Verzerren hinsichtlich Intensität und Qualität, um eventuell Widerspruch und Korrektur zu provozieren (siehe Abbildung 9.3).
- Er versucht, von den erzählten Inhalten, von den erzählten Gefühlen auf das zu kommen, was der Klient jetzt und hier empfindet – in der Annahme, daß dieses zentraler für sein Problem ist, als die berichtete Geschichte.

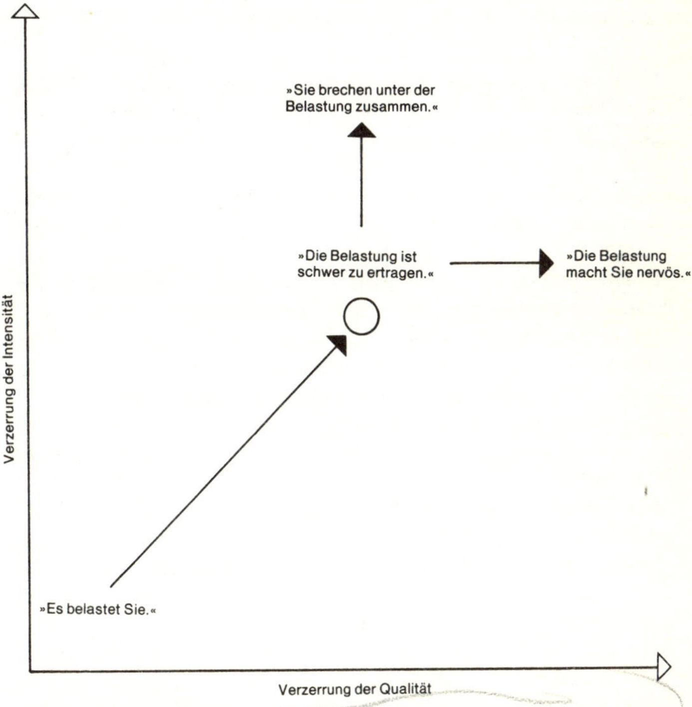

Abb. 9.3: Die Taktik der Verzerrung von Qualität und Intensität in der Gesprächstherapie

Die Wirkung einer solchen therapeutischen Aktivität auf den Klienten besteht darin, daß sich dieser mit seinem Selbst aktiv auseinandersetzt, was im positiven Fall die Klärung vieler Probleme und Bedeutungen vorher verzerrter oder gar nicht wahrgenommener Erfahrungen nach sich zieht. Durch die hinführenden Kommentare und Formulierungshilfen des Therapeuten wird der Klient dazu gebracht, an der Definition seines Problems zu arbeiten und sich der Grenze des für ihn Unsagbaren zu nähern. Diese aktive Auseinandersetzung des Klienten kommt in der sogenannten Selbstexploration (SE) zum Ausdruck, für die es ebenfalls Einschätzungsskalen gibt (s.u.). Die Korrelation des Merkmals Empathie (VEE) mit der Selbstexploration schwankt in den einzelnen Untersuchungen von .40 bis .65.

Wärme

In dieser Haltung des Therapeuten drückt sich sein Mitempfinden, seine Sorge um den Klienten aus. Er respektiert ihn als Person und akzeptiert ihn, gleichgültig, was der Klient getan haben mag. Das bedeutet eine Enthaltung von jeder Wertung. Der Therapeut versucht – und hier besteht eine Wechselwirkung mit der Einfühlung – durch das Hineinversetzen in den Klienten ihn zu verstehen und das, was er sieht, zu akzeptieren. Das heißt nicht, daß er dem Klient zustimmt, sondern lediglich zu erkennen gibt, daß er verstanden hat und keine Notwendigkeit sieht, zu bewerten, was er gehört hat. Die überraschende Erfahrung aus therapeutischen Kontakten ist ja die, daß es einem bei genügender Bemühung fast immer gelingt, für einen anderen Menschen Sympathie zu entwikkeln, wenn man ihn nur nahe genug kennenlernt und die Situation so beschaffen ist, daß man zu keiner wertenden Beurteilung kommen muß.
Für Tausch (1978, S. 1940) ist die entscheidende Frage des Therapeuten an sich selbst hier: »Fühle ich Respekt für diesen Klienten? Habe ich ihn gern? Bin ich ihm echt voller Sorge und Anteilnahme zugewandt? Schätze ich ihn als Person? Kann ich ihn in seinem Fühlen und seiner inneren Welt voll annehmen?« Dies setzt voraus, daß der Therapeut in der Begegnung mit dem Klienten mit seiner Person ganz er selbst ist. Für manchen Helfer ist dies belastend oder bedrohlich. Deshalb suchen manche Psychotherapeuten eine professionelle Fassade, eine schützende Distanz zwischen sich und dem Klienten. Jedoch: diese Achtung – Wärme –

Anteilnahme ist nur echt und damit wirksam, wenn das entsprechende Fühlen im Therapeuten vorhanden ist.
Zur Einschätzung dieser Therapeutenqualität gibt es auch wieder von Carkhuff (1969) eine Schätzskala mit 5 Stufen, deren Extreme hier wiedergegeben werden sollen.

Akzeptanz-Skala (nach Carkhuff)

Stufe 1: Der sprachliche und sonstige Verhaltensausdruck des Therapeuten zeigt einen klaren Mangel an Achtung und Respekt für den Klienten, für dessen Fühlen, Erfahrungen und Möglichkeiten. Z. B. vermittelt der Helfer dem anderen, daß seine Gefühle und Erfahrungen nicht der Beachtung und Anteilnahme wert sind.

Stufe 5: Der Helfer zeigt hohe Achtung und Wärme für den anderen und zwar für dessen Wert als Mensch und dessen Möglichkeiten als freie Person. Z. B. bemüht sich der Therapeut in sehr tiefer Weise um die menschlichen Möglichkeiten des anderen. Er ist insgesamt in vollem Einsatz für den anderen und überzeugt von dessen Wert als Mensch.

Für die Beurteilung aus der Sicht des Klienten haben Barrett-Lennard (1962) eine Einschätzskala entwickelt, in der der Klient nach einer Therapiestunde u. a. folgende Aussagen macht:

»Der Therapeut achtet mich als Person.«
»Er empfindet echte Zuneigung zu mir.«
»Er ist um mich besorgt.«

Was macht der Therapeut, um den Prozeß der Akzeptanz zu fördern, die Intensität seiner Beteiligung zu steigern?

- Er zeigt, daß er »mitgeht«, indem er dies z. B. durch Nicken, Blickkontakt, gelegentliches »ja« oder »hm« andeutet.
- Er läßt sich mitreißen und bringt dies durch sein Bedürfnis zum Ausdruck, dann etwas sagen zu müssen – allerdings in Abstimmung damit, daß, wenn es ihm bewußt wird, die eigenen Bedürfnisse nicht die des Klienten ersticken.
- Er zeigt aktives Bemühen im Ringen um Verständnis.
- Er redet praktisch genauso viel wie der Klient – allerdings nicht von sich, sondern von dem, was im Klienten vorgeht (Minsel, 1974).

Zu dieser Haltung des Therapeuten bemerkt Tausch folgendes:
»Falls bestimmte Umstände die unbedingte Wertschätzung des Klienten beeinträchtigen, wird der Therapeut dies mit dem Klienten durchsprechen und evtl. einen anderen Therapeuten empfehlen.«

Was bewirkt eine solche Haltung beim Klienten? – Sie vermindert die Bedrohlichkeit bestimmter Inhalte und schafft eine angstfreie Atmosphäre, um darüber zu reden. (Sie wirkt im Sinne der Entspannung.) Der Klient kann sich daher leicht zu bedrohlichen Erfahrungen äußern. Da er diese Erfahrungen vor dem Therapeuten gefahrlos akzeptieren kann, erfährt er mehr Selbstachtung. Er empfindet eine Entlastung von ihn sonst belastenden Sachverhalten (und dies kann wie eine Desensibilisierung wirken). Im Therapiegespräch macht der Klient vielleicht zum erstenmal seit langer Zeit die Erfahrung einer gelungenen sozialen Beziehung.

Echtheit

Diese Qualität des Therapeuten kommt darin zum Ausdruck, daß Äußerungen, Verhalten, Maßnahmen, Gestik, Mimik, Stimme usw. übereinstimmen. Es setzt voraus, daß der Therapeut offen gegenüber seinen eigenen Gefühlen und seinem eigenen Erleben ist und sich z. T. auch dem Klienten gegenüber öffnet, ohne jedoch die Aufmerksamkeit vom Problem des Klienten abzulenken und sich selbst in den Mittelpunkt zu stellen.
Das Gegenteil von Kongruenz oder Echtheit besteht darin, daß der Therapeut etwas anderes sagt als er denkt oder fühlt. Das äußert sich dann häufig nonverbal in seiner Gestik, Mimik oder seinem Tonfall (Kanaldiskrepanz). Der Therapeut versucht vielleicht, den Klienten zu täuschen, sich zu verteidigen, und eine Fassade aufzurichten, die ihm strategisch günstig erscheint, oder die er zum Schutz seiner eigenen Person braucht. Das ist immer dann der Fall, wenn der Therapeut in seiner Persönlichkeitsstruktur unerkannt bleiben möchte, aber auch dann, wenn er Langeweile zu verbergen sucht.
Die Einschätzskala dieser Qualität von Carkhuff (1969) lautet in den Extremen wie folgt:

Kongruenz-Skala (nach Carkhuff)

Stufe 1: Der Therapeut äußert sich deutlich ohne Beziehung zu dem, was er im Augenblick fühlt. Er ist etwa verteidigend in seiner Begegnung mit dem anderen Partner.
Seine Verteidigung äußert sich in dem Inhalt der Worte oder in der Stimme. In dieser Verteidigung gebraucht er nicht die eigenen Empfindungen als Grundlage für mögliche wertvolle Beiträge in dem Beziehungsverhältnis. Insgesamt ist offensichtlich ein beträchtlicher Unter-

schied zwischen den jeweiligen Äußerungen dieser Person und ihrem inneren Erleben.

Stufe 5: Der Therapeut ist frei und in tiefer Weise er selbst in dem Beziehungsverhältnis zum Klienten.
Er ist in seiner Begegnung mit ihm offen und spontan für alle Erfahrungen, mögen sie angenehm oder unangenehm sein.
Insgesamt ist der Therapeut klar er selbst. Er versucht darüber hinaus, seine eigenen echten Empfindungen so zu gebrauchen, daß er einen konstruktiven Beitrag zum Beziehungsverhältnis mit dem Klienten liefern kann.

Die Beurteilungsskala aus der Sicht des Klienten von Barrett-Lennard (1962) enthält etwa folgende Formulierungen:

»Ich fühle, daß der Therapeut völlig echt und aufrichtig zu mir ist.«
»Ich fühle fast immer, daß seine Äußerungen genau das ausdrücken, was er fühlt und denkt.«

Was macht der Therapeut, um diese Kongruenz zu zeigen und sich zu überprüfen?

- Er nutzt die aktuelle Beziehung zum Klienten, um dessen Erleben deutlich zu machen.
- In dieser Beziehung überprüft er, ob er sich echt einbezieht, oder ob er das nur rollenhaft kann.
- Insbesondere achtet er bei sich auf die mögliche Inkongruenz verschiedener Kommunikationskanäle (Mimik, Gestik, Tonfall, verbaler Inhalt).

Die Wirkung einer solchen Therapeutenhaltung auf die Klienten kann als Moderatorvariable der übrigen beiden Qualitäten beschrieben werden: Wärme und einfühlendes Verständnis kommen erst dann richtig zur Geltung, wenn der Therapeut als echt und fassadenfrei erfahren wird. Dazu Strupp (1974) in Abhebung von der psychoanalytischen Vorgehensweise: »Bei Echtheit und Transparenz des Therapeuten weiß der Klient, woran er ist. Er kann zum Therapeuten Vertrauen fassen. Er ist nicht belastet mit Zweifeln über die Person des Therapeuten und kann sich seiner eigenen Person völlig zuwenden. Klienten dagegen, die sich über die Gefühle und Gedanken ihres psychoanalytischen Therapeuten unklar waren und annahmen, daß ihre Therapeuten aus Gesten, Mimik und Träumen besondere Schlüsse zogen, wiesen ungünstige Änderungen am Ende der Psychotherapie auf.«
Mit der Echtheit gibt der Therapeut ebenso wie mit den beiden anderen Qualitäten dem Klienten ein Modell in der zwischenmenschlichen Auseinandersetzung. Während das einfühlende Verstehen bis zu einem gewissen Ausmaß durch intellektuelle Bemü-

hung und viel Übung angeeignet werden kann, kann Wärme vermutlich nur dann gezeigt werden, wenn der Therapeut diese selbst in entsprechenden therapeutischen oder Gruppenkontakten erfährt. Die Kongruenz im Gesamtverhalten scheint noch weniger einer Übung zugänglich zu sein als die beiden erstgenannten Qualitäten. Kongruenz kommt in die Nähe eines Persönlichkeitsmerkmals.

Als Kernvariable wird häufig die Einfühlung des Therapeuten betrachtet (VEE). Diese aktive Hilfe kommt aber erst richtig zur Geltung, wenn Wärme und Echtheit als Moderatorvariablen vorhanden sind. Dann entsteht eine angstfreie Atmosphäre und Vertrauen in die Integrität des Therapeuten. Dieser Sachverhalt ist in Abbildung 9.4 schematisch dargestellt.

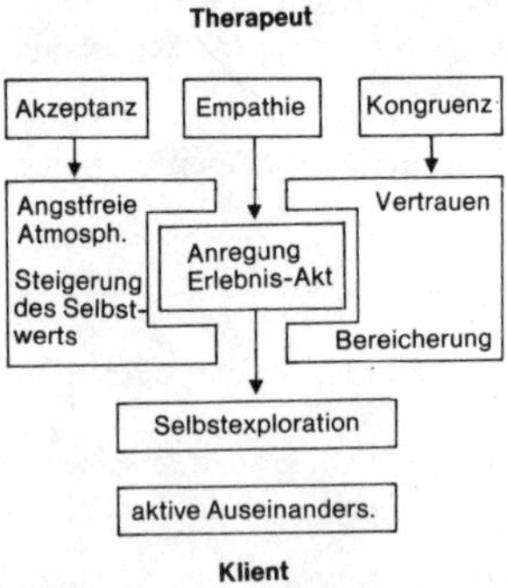

Abb. 9.4: Das Zusammenwirken von Einfühlung, Wärme und Echtheit auf die Selbstexploration des Klienten

Andere Kriterien

Diese drei Qualitäten des Therapeuten sind von Rogers als hinreichende und notwendige Bedingung einer helfenden Beziehung zum Klienten bezeichnet worden. Unklar ist allerdings, in welcher Kombination die drei vorgenannten Grundqualitäten am besten wirken. Die Charakterisierung als hinreichend und notwendig läßt sich nicht halten. Es sind andere Merkmale genannt worden, die ebenfalls förderlich sind, u.a. aktives Bemühen des Therapeuten und Konfrontation des Klienten mit seinem Problem (Bommert, 1977). Als weitere hilfreiche Merkmale des Therapeuten werden von Schwartz und Eckart (1974) genannt (eine Skala dazu siehe Anhang 1):
- Flexibilität der Sprache
- Weitergehen des Therapeuten

- Unbestimmtheit seiner Äußerung
- Konkretheit seiner Äußerung
- Deutlichkeit der Formulierung
- innere Beteiligung des Therapeuten
- Richtigkeit seiner Äußerungen

Einige dieser Merkmale scheinen sich zu widersprechen. »Weitergehende Bemerkungen« sollten nur so häufig auftreten, wie sie keine Zweifel an der Fähigkeit des Therapeuten aufkommen lassen, für den Klienten wichtige Zusammenhänge richtig zu sehen. Trotz Konkretheit und Deutlichkeit der Therapeutenäußerungen sollten diese den Klienten nicht abschließend festlegen, sondern ihm Veränderungsmöglichkeiten eröffnen. Ähnliche Kriterien legt die linguistische Analyse von Therapiegesprächen an (Bandler & Grinder, 1975a). In der Anleitung zum Gebrauch therapeutischer Metaphern, wie auch in der Hypnose, wird betont, daß der Klient angeregt, aber nicht gänzlich festgelegt werden soll (Gordon, 1978). Daher sind Formulierungen günstig, die gewisse Spezifikationen freilassen:

»Sie fühlen sich unter Druck gesetzt.« (Wodurch? – An welcher Stelle?)

und nicht:

»Es ist wie eine Steinplatte, die auf Ihren Schultern lastet.« (Vielleicht fühlt der Klient den Druck im Magen oder um die Brust, und denkt dabei eher an einen Stahlreifen.)

Auch Hauptwörter und unspezifische Verben dienen dem Zweck, den Klienten seine persönliche Bedeutung suchen zu lassen:

»Der Druck ist schwer zu ertragen.« (Von wem? – Welcher Druck?)

Interessant ist, daß hier für die therapeutische Suggestion ähnliche Empfehlungen gegeben werden wie für die Einfühlung, die grundsätzlich nicht direktiv sein will.

9.4 Therapieprozeß

Selbstexploration

Gelingt es dem Therapeuten, das Gespräch in der beschriebenen Weise zu führen, so kommt es beim Klienten zu einer Auseinandersetzung mit sich selbst. Und zwar kommt dies darin zum Ausdruck, daß der Klient persönlich bedeutsame Erfahrungen äußert, die meist gefühlsbetont sind. Er setzt sich aktiv mit seinen

Gefühlen, Erlebnissen und seinem Selbst auseinander (im Sinne einer Konfrontation, eines Vergleichs mit früher, einer Ergründung der jetzigen Bedeutung früherer Erlebnisse).

Eine solche aktive Auseinandersetzung mit sich selbst ändert die neurotischen Tendenzen und wirkt sich im einzelnen wie folgt aus:

(1) Der Klient spricht über persönlich bedeutsame Inhalte, zeigt *keine Abwehr*, kein Ignorieren und keine Verzerrungen.

(2) Er ist offen für vielfältige Aspekte und Erlebnisse, für Empfindungen, Gefühle und Bedeutungen seiner Person, d. h. er nimmt eine *Differenzierung* seiner Erfahrungen vor.

(3) Er ist gefühlsmäßig stark beteiligt, zieht das Fühlen zum Erspüren der persönlichen Bedeutung der Erfahrungen heran. Die Gefühlskomponenten sind nicht abgespalten, sondern sie werden akzeptiert, z. B. Schuld- und andere Gefühle. Der Klient macht diese Erfahrungen *ganzheitlich*. Es gelingt ihm im günstigsten Fall, Erlebtes zu symbolisieren, bewußt wahrzunehmen und einzuordnen.

(4) Er ist aktiv, engagiert und intensiv bemüht, sein Selbst kennenzulernen und seine Wahrnehmungen zu revidieren. Dies kann als *Integration* interpretiert werden.

Zur Einschätzung des Ausmaßes der aktiven Auseinandersetzung des Klienten mit sich selbst wird seine Selbstexploration herangezogen (SE). Dazu sind wieder eine Reihe von Skalen entwickelt worden (z. B. von Tausch, 1978).

Von Carkhuff (1969) wurde auch eine fünfstufige Skala zur Einschätzung der Selbstexploration des Klienten vorgeschlagen, von der hier nur die Extreme genannt werden.

Selbst-Exploration-Skala (nach Carkhuff)

Stufe 1: Der Klient spricht nicht über persönlich bedeutsame Inhalte, entweder, weil er keine Gelegenheit dazu hat, oder weil er aktiv das Gespräch darüber vermeidet, auch wenn ihm das vom Therapeuten nahegelegt wird. Beispiel: Der Klient vermeidet jede Selbstbeschreibung, Selbstexploration oder direktes Äußern von Gefühlen, die ihn dazu bringen können, sich selbst gegenüber dem Therapeuten zu öffnen. Zusammengefaßt: Aus einer Vielzahl von möglichen Gründen zeigt der Klient keine Ansätze zur Selbstexploration.

Stufe 5: Der Klient ist deutlich aktiv und spontan bemüht, neue Gefühle zu erfahren und Erfahrungen mit sich und seiner Umwelt zu machen. Der Klient sucht nach neuen Gefühlen, Erfahrungen, die ihn selbst und seine Umwelt betreffen, auch wenn er es zur Zeit vielleicht angstvoll oder nur versuchsweise tut. Zusammengefaßt: Der Klient ist voll aktiv auf sich selbst gerichtet und exploriert sich und seine Umwelt. Neben seinen Äußerungen wird der Klient zunehmend ruhiger und entspannter in den Sitzungen, gewinnt gefühlsmäßige Sicherheit und kann ohne Schwierigkeiten Pausen ertragen. Zugleich auch gelingt es ihm, die Therapeutenqualitäten anzunehmen, nämlich Akzeptanz (Achtung – Wärme), Empathie (einfühlendes Verstehen) und Kongruenz (Echtheit).

Der Therapiefortschritt im Klienten ist von Hart & Tomlinson (1970) in sieben Aspekte zerlegt worden, die sich allerdings aufgrund hoher Korrelation zur Selbstexplorations- (SE) und einer Erlebnis-Skala (EX) zusammenfassen lassen (Pfeiffer 1975).

1. Gefühlsausdruck (SE)
2. Wahrnehmung von Inkongruenzen (SE)
3. Kommunikation über sich selbst (SE)
4. Probleme als zu sich selbst zugehörig attribuieren (SE)
5. Starke Erlebnisqualität (EX)
6. Subjektivität des Erlebens (EX)
7. Beziehungen zulassen (EX)

Eine andere Vervollständigung der Selbstexploration wurde durch Eckert und Schwartz (1974) vorgenommen (siehe Anhang 2).

Obwohl korreliert, spiegelt sich der Therapieprozeß nicht gleichzeitig in allen Aspekten, sondern in einigen früher und in anderen später wider. Und zwar fanden Schwartz und Eckert, daß kognitive Verarbeitungsprozesse beim Klienten früh in der Therapie einsetzen (z. B. die Variable »mein Problem in einem neuen Licht sehen«). Emotionale Verarbeitung (z. B. die Variable »nach der Stunde bin ich innerlich ruhiger«) dagegen spielt am Ende der Therapie eine größere Rolle. Entsprechend korrelierte die Zufriedenheit des Klienten mit der Therapiestunde in den ersten Sitzungen mit der aktiven Bearbeitung durch den Therapeuten (r = .29) und am Ende der Therapie mit seiner emotionalen Wärme (r = .56). Anhand fast aller oben genannter Teilaspekte lassen sich erfolgreiche und nicht erfolgreiche Klienten unterscheiden. Den divergierenden Verlauf solcher Selbstexplorationsvariablen für beide Gruppen zeigt der Befund in Abbildung 9.5.

Der Klient erweitert und bereichert sich durch die Therapie in vieler Hinsicht. Seine Wahrnehmungen werden umfangreicher, offener und unverzerrter. Der Klient lernt seine Gefühle in vollem Umfang kennen und akzeptieren und kann mit ihnen leben, sie sogar genießen. Der Klient akzeptiert auch negative Seiten an sich. Entsprechend wird auch seine Selbstachtung größer. Tausch (1978) dazu:

»Es sind unsere beeindruckendsten Erfahrungen, wie sich Personen von einer stark beeinträchtigten, hilflosen und demoralisierten

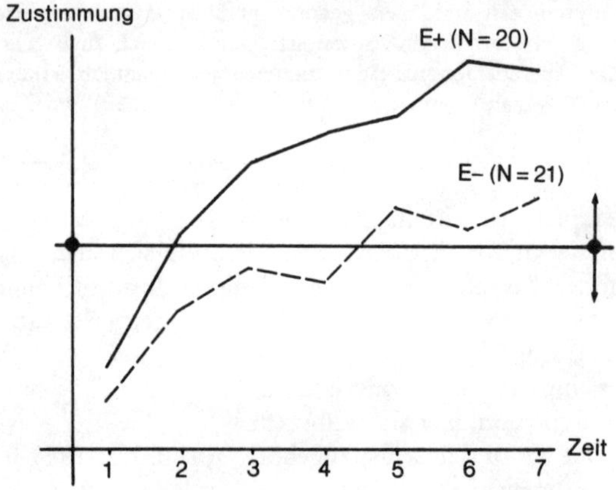

Abb. 9.5: Unterschiedlicher Verlauf der subjektiven Fähigkeit »Seine Probleme in einem neuen Licht zu sehen« bei erfolgreichen (E+) und erfolglosen Therapien (E–), (nach Eckart 1975)

Person in aktiv sich mit sich selbst auseinandersetzende Personen ändern, mit einem geänderten Selbst, geringerer Entfremdung von sich selbst, besserer Fähigkeit, mit sich selbst umzugehen« (S. 1927).

Eine fruchtbare Auseinandersetzung mit sich selbst gelingt dem Klienten, weil er mit dem Therapeuten eine zwischenmenschliche Beziehung aufbaut, in der sein Erleben korrigiert werden kann. Dadurch erfolgt die Annäherung von Selbstbild und Idealbild. Und zwar wird hauptsächlich das Idealbild verändert, das zu starr und fremdbestimmt war. Dies wird durch die Akzeptanz des Therapeuten möglich, die der Klient gegenüber sich selbst ebenfalls praktiziert (vgl. die übergewichtige Frau in GWG S. 74). Durch die Erlebnisaktivierung erfährt das Selbstbild auf der anderen Seite ebenfalls eine Veränderung: es wird um bisher nicht akzeptierte Inhalte erweitert und um die Intensität von Gefühlen. Dies führt zur Aktualisierung des Individuums, Selbstverwirklichung im humanistischen Sinne. Sie wird nicht so sehr durch bestimmte Persönlichkeitsmerkmale charakterisiert als durch größere Offenheit und Lernfähigkeit.

Bevor auf weitere Aspekte des Therapieprozesses eingegangen wird, soll eine Fallskizze den Verlauf einer Gesprächstherapie vor Augen führen.

Es soll ein 25jähriger Student beschrieben werden, der eine Prüfung nicht bestand und anhand dieser äußeren Schwierigkeiten in einer Gesprächstherapie seine inneren Probleme in Angriff nimmt. Der Fall nimmt keinen sonderlich dramatischen Verlauf, dient aber vielleicht doch zur Illustration dessen, was in einer Gesprächstherapie passiert (entnommen aus Strotzka 1979, S. 102ff.).
Herr A. lebt seit dem Tode des Vaters mit seiner Mutter zusammen und fühlt sich moralisch verpflichtet, sie zu stützen und bei ihr zu bleiben. In diesem Hause werden Bekannte und freundschaftliche Beziehungen nach außerhalb nicht gefördert. Hiermit mögen die Kontaktstörungen des Herrn A. zusammenhängen.
Anlaß, die Therapie aufzusuchen, war eine bevorstehende Prüfung, die er dann auch nicht besteht, sondern wiederholen muß. Die Prüfung war zwar momentan das wichtigste Ereignis im Leben des Herrn A., die Prüfungsschwierigkeiten führten zugleich aber zu einer Identitätskrise und einer Einschränkung des Selbstwertgefühls. Der Klient kam in depressiver Verstimmung, fühlte sich abgelehnt, war nicht imstande, Wünsche durchzusetzen, wirkte eher verlangsamt und ängstlich. Offenbar war anläßlich der Prüfung die latente Problematik des Klienten zum Ausbruch gekommen.
Die Therapie beginnt zunächst mit einem Lerntraining, in dem der Klient angeleitet wird, den Lernstoff zu ordnen und sich nach der sog. SQ3R-Methode (survey-question-read-repeat-rehearse) anzueignen. Zur Einführung geht der Therapeut mit ihm 1 Stunde lang ein Skript nach dieser Methode durch. In den folgenden Stunden werden jeweils die letzten 15 Minuten auf das Lerntraining verwendet, die übrigen 40 Minuten laufen in Form einer Gesprächstherapie ab. Insgesamt dauert der therapeutische Kontakt 31 Stunden und wird nach einer Sommerpause vom Klienten nicht wieder aufgenommen.
In der 1. Stunde beschreibt der Klient sein Problem etwa folgendermaßen: ». . . was die Angst vor dem Versagen betrifft, in der Prüfungssituation, glaube ich weniger, daß Autorität dabei im Vordergrund steht . . . Es gibt Leute, die panische Angst vor dem Prüfer haben; das ist eher nicht der Fall . . . Vielmehr das Gehen an die Öffentlichkeit, daß ich mir selbst nicht irgendwelche Schwierigkeiten eingestehe ist das Problem.«
Der Klient bringt zum Ausdruck, daß er sein eigentliches Problem, nämlich Probleme mit anderen Menschen zu besprechen, nicht direkt angehen kann, und daß dieses Problem indirekt in der Prüfungsschwierigkeit zum Ausdruck kommt.
In der 6. Stunde spezifiziert er: ». . . daß ich also mit anderen Leuten über meine Schwierigkeiten eigentlich nie gesprochen habe . . . dadurch gibt man sich ja auch nicht die Möglichkeit des Gehörtwerdens und in gewisser Hinsicht des Akzeptiertwerdens.«
In der 11. Stunde beschreibt er seine Situation so: »Daß ich bisher immer nur von Sachen gesprochen habe, die nur mit der Außenwelt in Konflikt stehen . . . die persönlichen inneren Konflikte aber eher zurückgehalten

habe. Ich habe dem irgendwie weniger Bedeutung zugemessen ... gemeint, daß man so etwas irgendwie in Kauf nehmen muß.«
In den ersten 10 Stunden kann man den Therapieverlauf so zusammenfassen, daß das Problem des Klienten, nämlich über seine Schwierigkeiten mit anderen Menschen zu sprechen, für ihn formulierbar wird. Daß er erkennt, daß dadurch Kontakt mit dem Therapeuten möglich wird und aber auch, daß Kontakt es ermöglicht, mit anderen Leuten über persönliche Dinge zu reden.
Ein halbes Jahr nach der Therapie befragt, meint der Klient, daß er die Gespräche nicht gerade als angenehm empfunden hat – so etwa, wie wenn man zum Zahnarzt geht, aber doch als hilfreich. Er habe gelernt, daß er imstande ist, sich jemandem zu öffnen, was er ohne Hilfe nicht geschafft hätte. Später gelingt es dem Klienten, eine feste Partnerbeziehung aufzubauen. Es bleibt unklar, wie weit die Fähigkeit dazu eine Folge der Therapie war oder ob die Beziehung der eigentlich stabilisierende Faktor für seine psychische Entwicklung ist.

Häufig macht der Klient, wie auch in dieser Therapie, eine anfängliche Verschlechterung durch. Er mag zunächst sich selbst gegenüber kritisch eingestellt sein, wird dann aber noch mehr entmutigt, wenn er das volle Ausmaß seines Problems erkennt. Bei gutem Verlauf lernt er dann sein aktuelles Erleben anders wahrzunehmen, nämlich wertfrei als etwas, womit er leben kann ohne sich selbst zu verdammen. Durch dieses wertfreie Akzeptieren seiner selbst gewinnt er paradoxerweise an Selbstwert – er erfährt sich als stabil. Er kann dann spontaner und offener sein. Verläuft die Therapie ungünstig, dann kann auf den Tiefpunkt eine Desorganisation und die Flucht in eine verfrühte Stabilisierung des Selbst eintreten, die aber durch Abwehr und nicht durch Offenheit und Flexibilität gekennzeichnet ist.

Erlebnisaktivierung

Die Funktion des Therapeuten hat sich im Laufe der Weiterentwicklung der Gesprächstherapie verändert. In der anfänglichen Konzeption wird die optimale Haltung des Therapeuten von Rogers als nicht-direktiv und permissiv beschrieben – aber ohne große Selbstbeteiligung. Dadurch wird dem Klienten Gelegenheit gegeben, alles zu sagen, was ihn bedrückt. Später werden die gefühlsbetonten Inhalte mehr und mehr als entscheidend für den therapeutischen Prozeß angesehen (Verbalisierung emotionaler Erlebnisinhalte, VEE). Die Beziehung zwischen Therapeut und Klient gewinnt dadurch eine größere Aktivität als es in der ursprünglich nicht-direktiven Form der Therapie der Fall war. Der Therapeut

nimmt an diesem Erleben teil und bringt sich – besonders in Encountergruppen – stärker ein.
In neuerer Zeit wird es für wichtig gehalten, daß die Inhalte nicht nur verbalisiert, sondern reaktiviert werden (Experiencing, Erlebnisaktivierung, Gendlin 1974, 1980, Rogers 1970, Bommert & Dahlhoff 1978). Dabei wird davon ausgegangen, daß das Erleben ganzheitlich, kognitiv-emotional-physiologisch zu sehen ist. Störungen haben nach dem GT-Modell in einem verhärteten Idealbild ihre Ursache, durch das es zur Diskrepanz mit dem faktischen Handeln kommt. Dies kann nicht akzeptiert werden und löst daher Angst aus. Diese gefühlsmäßige Komponente des Erlebens wird unterdrückt und es bleibt eine emotionslose, kognitive Hülse des Erlebens zurück. Durch die Reaktivierung der Gefühle zum Erlebnisinhalt wird die physiologisch-emotionale Komponente wieder zugelassen und – aufgrund der akzeptierenden Haltung des Therapeuten – möglicherweise als weniger angstvoll erlebt. So kommt es zu einem vervollständigten Neuerleben, wobei die Akzeptanz des Therapeuten gegenüber dem Erlebnis vom Klienten übernommen wird. Das Experiencing-Konzept geht von der Unterscheidung zwischen gefühlter, vollständiger, impliziter oder vorbegrifflicher Bedeutung eines Erlebnisses und der verbalisierten, in Worte gefaßten, expliziten Bedeutung aus, die meist nur einen Teilaspekt des ursprünglichen Erlebens widerspiegelt. Im Therapieprozeß des Experiencing geht es darum, den Klienten mit seinen ursprünglich sehr vielschichtigen und schillernden Erfahrungen in Kontakt zu bringen. Dieses Erlebnis ist nur prozeßhaft in Form einer Reaktivierung von erlebnishafter Qualität möglich, von der dann neue Aspekte explizit gemacht werden. (Daher im Englischen die Form des Gerundiums »ing«.) Durch das Kennenlernen dieser neuen Aspekte vervollständigt sich das Bewußtsein – wesentliche, aber verdrängte (nicht wahrgenommene) Inhalte werden erkannt. Die veränderte Sichtweise des Erlebnisses führt zu neuen Handlungsimpulsen.
In der Therapiesituation führt der Therapeut das Experiencing durch sogenannte Focusing-Übungen herbei: Das ist ein Zentrieren auf den Inhalt und ein Rückgriff auf die implizit gefühlte Erlebnisqualität. Gendlin (1980) unterscheidet vier Aspekte des Focusing:

1. *Direkte Bezugnahme:* die Wahrnehmung der impliziten Bedeutung. Sie wirkt befreiend (Spannungsabbau). Die Wahrnehmung selbst ist noch diffus, aber subjektiv evident.
2. *Entfaltung:* Erkennen neuer Bedeutungen des Gefühlten mit der Erlebnisqualität »ich hab's« oder »jetzt sehe ich den Zusammenhang«.

3. *Erweiterung:* Zugang zu Erlebnissen, die mit dem »Focus« in Beziehung stehen. Z.B.: »Ich spüre, daß ich immer dann so pingelig bin, wenn ...«
4. *Neue Perspektive:* Implizite Bedeutungen werden erweitert wahrgenommen und können ausgeweitet werden.

Um eine Erlebnisaktivierung einzuleiten, wenn z.B. das Gespräch stagniert oder der Klient einen bedeutungsvollen Inhalt vermeidet, ihn aber offensichtlich berührt hat, wenn das Gespräch insgesamt zur Sache orientiert und zu wenig gefühlsorientiert verläuft, kann etwa folgende Anweisung gegeben werden, die der Klient als inneren Monolog durchführen soll (nach Gendlin 1980).

Focusing

Überblick: Wie geht es Dir? – Antworte nicht, warte ab, was immer kommen mag, alles ist gleichviel wert.
Wähle ein Problem, von mehreren nimm das, was im Moment für Dich bedeutsam ist – und laß es auf Dich wirken.
Gefühlte Bedeutung: Bleibe bei dieser Sache: was ist der Kern? Achte auf Deine Empfindungen, keine Lösungen suchen, sondern abwarten, bis Bilder und andere Erinnerungen hierzu auftauchen.
Ausloten: Pendle hin und her zwischen Empfindungen, Bildern und Worten, die aufsteigen. Versuche zu erleben, wie diese Bilder und Worte auf Dich wirken. Ändert sich das Gefühl, dann folge ihm.
Benennen: Prüfe, ob Du ein Wort oder Bild findest, das Dir am treffendsten erscheint, das wirklich zu diesem Gefühl paßt. Laß diese Benennung auf Dich wirken und prüfe, ob Du mit ihr im Moment übereinstimmen kannst. Dann *zusätzlich*:
Wenn der Prozeß stockt, dann frage Dich:
- was ist das schlimmste an diesem Gefühl
- was ist wirklich schlecht daran
- was ist nötig
- was müßte passieren, damit alles in Ordnung wäre

Antworte nicht, laß die Fragen auf Dich wirken und warte ab.

Überdenkt man eine Situation oder ein Problem in dieser Weise, so ergibt sich häufig eine veränderte Bedeutung (»shift«), die die Einschätzung der Situation bereichert und sicherer macht oder eine Entscheidung erleichtert. Experiencing ist ein typisches Selbsterfahrungsphänomen. Folgendes Beispiel soll vermitteln, wie eine Erlebnisaktivierung die Erinnerung an eine bestimmte Erfahrung vervollständigen kann.

Der Klient berichtet auf eine derartige Übung hin ein Ereignis, das ihm lange nachging: in einem Gespräch mit einem Arbeitskollegen, mit dem er sonst auf gutem Fuße stand, war er von ihm unvermittelt in dozierendem Stil auf seine Pflichten hingewiesen worden. Zunächst war dieser Vorfall mit einer Empfindung der Ohnmacht über die Unfähigkeit zum Gegenargument verknüpft. Dann gesellt sich im Focusing-Prozeß die Angst dazu, zurechtgewiesen zu werden, und schließlich Aggression gegen die Person, die derartige Vorhaltungen macht. Die Angst hat die Aggression überdeckt, und möglicherweise als Resultante zwischen beiden Gefühlen war das Gefühl der Ohnmacht entstanden. In der therapeutischen Situation wird die Angst, unangemessen zu reagieren, verringert und die Aggression tritt als Gefühl deutlich hervor. Sie kann dann zu einer alternativen Auseinandersetzung motivieren.

Hier wird ein Erlebnis, das zunächst als Unhöflichkeit des anderen abgetan (kognitive Hülse) und nur nebenbei erwähnt wurde, in der Focusing-Übung neu durchlebt und durch Gefühle von Aggression ergänzt. Diese wurden erst erkennbar, als in der Reaktivierung des Erlebens die Angst etwas in den Hintergrund trat. Alle drei Gefühle, die erlebnismäßig zugelassen wurden, nämlich Aggression, Angst und Ohnmacht, vervollständigen die vorher emotionslos erinnerte Auseinandersetzung mit dem Resultat, daß die Person die Aggressionen in der beschriebenen Situation konstruktiv einsetzen kann.

Es mag zur Klärung des Begriffs beitragen, zu sagen, was Experiencing nicht ist:

- Umschreibungen (blumenreiche Umschreibungen des Gefühls)
- Erklärungen (warum und wie das Gefühl zustandekam)
- intellektuelle Manöver, Konstruktionen, Gedankengebäude, die das Gefühl einbegreifen und es in einen größeren Rahmen stellen.

Die Erlebnisaktivierung geht über die übliche Haltung des Gesprächstherapeuten hinaus und ist etwa durch Merkmale gekennzeichnet wie direktives Hinweisen, manchmal forcieren, Konfrontation (Diskrepanzen in verschiedenen Kommunikationskanälen aufzeigen), extraverbale Hinweise (»achte auf Deine Stimme, Dein Zittern der Hände«, usw.), Körperbezogenheit, Gegenwartsbezogenheit.

Bommert & Dahlhoff (1978) fanden, daß die Intensität des Erlebens, die Reaktivierung von Gefühlen und Erlebnissen – angenehmen wie unangenehmen – bei erfolgreichen Patienten stärker ist als bei erfolglosen. Auch für das Ausmaß der Erlebnisaktivierung gibt es eine Skala (deutsch von Dahlhoff & Bommert 1978). Als Beispiel seien die Extremstufen 1 und 7 angegeben:

Experiencing-Skala (nach Dahlhoff & Bommert)

Stufe 1: Der Klient schildert Ereignisse in allgemeiner, unpersönlicher Weise. Seine Äußerungen sind von unbeteiligter Art, so als ob sie von einem Fremden stammen. Eine persönliche Anteilnahme an seinen Mitteilungen ist nicht ersichtlich.

Stufe 7: Der Klient verfügt über ein klares Bild von seinem unmittelbar ablaufenden Erleben und kann dieses in seinen Äußerungen vermitteln. Er ist in der Lage, sich in seinem wechselnden Erleben zu bewegen, die Bedeutung des Erlebens für ihn selbst zu verstehen und Bedeutungsänderungen in seinen Bezugsrahmen zu integrieren. Sein unmittelbares aktuelles Erleben, der Wechsel von Bedeutungsschwerpunkten und auftretenden Bedeutungsänderungen sind ihm eine vertrauenswürdige Basis für Änderungen in seinem Erleben und Verhalten.

Die Variable Experiencing korreliert mit dem Hauptprozeßmerkmal des Klienten in der Gesprächstherapie, der Selbstexploration SE (r = .60), und mit einer Reihe von Therapieerfolgskriterien (Wohlbefinden, Abnahme von Erregbarkeit, Nervosität u.a.). Allerdings sind die Korrelationen mit SE im allgemeinen gleich hoch oder höher, und Experiencing bringt kaum zusätzliche Information. (Die multiple Korrelation ist nur wenig größer als die einfache.) Die Erlebnisaktivierung leitet von der mehr verbal definierten Gesprächstherapie über zur mehr nonverbal definierten Gestalttherapie und Bioenergetik. Dort steht das Erleben als körperliches Fühlen im Vordergrund (siehe Kapitel 10).

9.5 Diskussion

Effektivität

Bezüglich des Therapieerfolges sind folgende Punkte kritisiert worden. Es gibt kaum Untersuchungen zu drop-outs und nur sehr wenige zu Verschlechterungsraten in der Gesprächstherapie. Die übliche Form der Überprüfung des Therapieeffektes nicht nur in der Gesprächstherapie ist der Vergleich mit Kontrollgruppen, im allgemeinen mit Wartelistenkontrollgruppen. Was bisher weitgehend fehlt, ist die Betrachtung individueller Differenzen und differentieller Indikationsstellungen (vgl. Zielke 1979). Das heißt, es sind kaum Untersuchungen (wie z.B. Di Loreto 1975) gemacht worden darüber, ob bestimmte Persönlichkeitstypen auf die Therapie besonders gut ansprechen. Ebenso liegen kaum Hinweise dazu vor, bei welchen Störungen Gesprächstherapie wirksam eingesetzt

werden kann (Indikation z. B. Plog 1976, Grawe 1976). Allerdings sind die Untersuchungen bei der Behandlung von Schizophrenen (Rogers et al. 1967) eher negativ ausgefallen, indem weder die Warteliste schlechter abschnitt als die Therapiegruppe, noch die besser Therapierten (größere Ausprägung in den Therapeutenmerkmalen) besser abschnitten als die schlechter Therapierten.
Smith, Glass & Miller (1980) in ihrer Metaanalyse verschiedener Therapieformen stellten folgendes fest: Faßt man die 94 Untersuchungen über Gesprächstherapie mit Hilfe ihres statistischen Verfahrens zusammen, so ergibt sich bei 50% der behandelten Klienten eine Verbesserung, die von den Klienten der nicht behandelten Kontrollgruppe nur in 26% der Fälle erreicht wird. Vergleichbare Zahlen für Psychoanalyse waren 28% und für Verhaltenstherapie 22%. (Vgl. Kapitel 1, Band 1.)
Meyer et al. (1991) kommen zu dem Schluß, daß die Effektivität der Gesprächstherapie relativ gut belegt ist. Kritisch dazu äußert sich eher Rachmann (1971), Rachmann und Wilson (1980). In einem direkten Vergleich von psychoanalytischer Kurztherapie und Gesprächstherapie (Meyer 1981) waren die Unterschiede unerheblich. Es bleibt Rogers' Verdienst, daß er die Wichtigkeit der Therapeutenvariablen in der therapeutischen Beziehung als erstes systematisch formuliert und hervorgehoben hat (vgl. auch Goldstein 1977). Ferner hat seine Arbeit und die seiner Nachfolger sehr umfangreiche Versuche einer empirischen Fundierung subtiler therapeutischer Vorgänge nach sich gezogen. Daß allerdings der Beziehungsaspekt für die Wirksamkeit allein verantwortlich gemacht wird, scheint Rachmann nicht haltbar; sie ist nur ein Agenz neben vielen anderen, nämlich den Therapietechniken. Sonst wäre es beispielsweise nicht vorstellbar, daß systematische Desensibilisierung von Ängsten in automatisierter Form vorgenommen werden kann, ohne Anwesenheit irgendeines Therapeuten. Im übrigen ist es durchaus denkbar, daß die Wirksamkeit der Gesprächstherapie lerntheoretisch erklärt werden kann, nämlich u. a. als Verstärkung der Versuche des Klienten, sich selbst gegenüber offener und positiver zu sein.
In einer Vielzahl von Untersuchungen sind die drei von Rogers genannten Therapeutenqualitäten Empathie, Akzeptanz und Kongruenz in ihrer Wirksamkeit untersucht worden. Dies nicht nur in bezug auf die Prozeßvariable »Selbstexploration des Klienten«, sondern auch in bezug auf Persönlichkeitsmerkmale (Rogers & Dymond 1954, Bommert 1977, Minsel & Zielke 1978, Sander 1971, Rudolf 1975). Wie schon in der einzelnen Therapiestunde ändert sich insgesamt nach Abschluß der Therapie bei den Klienten

folgendes: sie haben mehr Zuversicht und Hoffnung, sie sind entspannt, sie sind offener für belastende Erfahrungen, haben eine angstfreiere Wahrnehmung ihrer selbst und eine unverzerrte Wahrnehmung ihrer Umwelt. Sie akzeptieren ihr Fühlen, empfinden weniger Entfremdung ihm gegenüber, sie erfahren mehr Gefühle und diese Gefühle werden näher zur eigenen Person empfunden. Das Selbstkonzept ändert sich: mehr Vertrauen ins eigene Handeln und eine höhere Wertschätzung der eigenen Person. Der Klient kann besser mit sich umgehen. Er sieht seine Probleme anders und übernimmt die Verantwortung für sie. Tausch nennt folgende vier Hauptpunkte (1978):
(1) Zunahme der Selbstachtung
(2) Unabhängigkeit vom Urteil anderer
(3) Echtheit
(4) Selbstakzeptanz
Abgesehen von diesen subjektiven Befindlichkeiten kann man folgende Fragebogenergebnisse feststellen. Die Anzahl der Probleme vermindert sich (Problemlisten) und in Standardfragebögen wie MMPI, EPI, FPI, POI, IPK verbessern sich folgende Werte:

Neurotizismus
Depression
Gehemmtheit
Psychasthenie
Introversion
Selbstachtung
Unsicherheit
Spannungen
Minderwertigkeitskomplexe
Niedergeschlagenheit
Überkontrolle

Über das Anhalten solcher Therapieeffekte liegen Nachuntersuchungen bis zu 18 Monaten vor. Die zahlreichen Untersuchungen zum Erfolg der Gesprächstherapie sind u.a. bei Bergin (1971), Meltzoff & Kornreich (1970), Minsel (1974), Tausch (1974), Mitchel et al. (1977) und Parloff et al. (1978) zusammengefaßt. Tausch (1978) berichtet bei 80 bis 90% der Klienten eine konstruktive Persönlichkeitsänderung in positiver Richtung; das setzt allerdings voraus, daß die Therapeuten ein hohes Maß der drei Qualitäten besitzen (jeweils mehr als 3,5 auf einer 5 Punkte-Skala). Bei Therapeuten, die diese Merkmale in geringerem Ausmaß besitzen (unter drei) waren nur 20 bis 30% der Fälle erfolgreich. Mitchel et al. sind eher skeptisch: »Die Therapie hat weder viel genützt noch geschadet« (1977, S. 485).

Klientenvariablen

Merkmale der Therapeutenpersönlichkeit sind bisher nicht eingehend untersucht worden, aber eine Reihe von Klientenvariablen. Man hat untersucht, welche Klienten besonders gut auf die Gesprächstherapie ansprechen. Danach spielt die Intelligenz offenbar keine Rolle. Allerdings melden sich meist intelligente Leute mit Schulabschluß. Klienten im Alter von 16 bis 60 Jahren werden mit dieser Therapieform behandelt, sie alle leiden spürbar unter Beeinträchtigungen und haben den intensiven Wunsch nach Änderungen. Folgende Beschwerden fanden sich im einzelnen:

58% Kontaktstörungen
55% allgemeine Unsicherheit
34% sexuelle Störungen
33% berufliche Schwierigkeiten
31% psychosomatische Beschwerden
30% allgemeine Ängste
25% familiäre Probleme

Entscheidend ist, daß die Klienten freiwillig in die Therapie kommen und eine Therapie wünschen. Keine gute Prognose haben Personen mit schlechter Gefühlsansprechbarkeit (Experiencing), die darin zum Ausdruck kommt, daß sie Fassadenhaftigkeit und Abwehr zeigen.
Bei Suchtkranken (Drogenabhängigen und Alkoholikern) gilt die Gesprächstherapie als weniger wirksam, ebenso bei Schizophrenen (Rogers 1967), hingegen wird sie bei depressiven Störungen durchaus angewendet.
Nicht abhängig ist die Wirksamkeit der Gesprächstherapie – wie gesagt – von der Intelligenz, daneben aber auch vom Profil auf Fragebögen wie MMPI oder EPI, vom sozioökonomischen Status und von der Schwere der Beeinträchtigung selbst.
Prognostisch günstig für eine Gesprächstherapie sind Störungen, die in überdauernden, unangenehmen Stimmungen zum Ausdruck kommen. Zielke (1979) unterscheidet änderungssensitive Äußerungen des Klienten – das sind solche, die sich während der Therapie ändern – von insensitiven. Eine faktorisierte Skala aus solchen sensitiven Fragen; sie umfaßt unter anderem:

Leistungsschwäche Weinausbrüche Stimmungsschwankungen Lebensunlust	änderungssensitiv

Diesbezügliche Änderungen korrelieren z. B. hoch mit Verbesserungen bezüglich folgender klinischer Skalen:

Hypochondrie (MMPI)	.40
Angst (MMPI)	.44
Symptombelastung	.55
Neurotizismus	.44

Diese Ergebnisse sind im Zusammenhang mit denen von Grawe (1976) und Plog (1976) interessant. Bei der Behandlung von Phobien fanden sie die Verhaltenstherapie günstiger, wenn die Klienten unter einer starken, eingegrenzten Phobie litten. Ich-schwache und emotional labile Klienten dagegen konnten von der Gesprächstherapie mehr profitieren. Di Loreto (1975) fand beim Vergleich von Desensibilisierung, kognitiver Therapie und Gesprächstherapie, daß Introvertierte besser auf die kognitive Therapie, Extravertierte dagegen besser auf die Gesprächstherapie ansprachen (siehe Kapitel 1, Band 1).

Kritik

Von Ford & Urban (1963) ist besonders kritisiert worden, daß kein stringenter Zusammenhang zwischen den theoretischen Vorstellungen Rogers' und der Therapiemethode sowie ihrer empirischen Überprüfung besteht.
Die wichtigsten Kritikpunkte von Ford & Urban an Rogers sind die folgenden:

1. Das *Abstraktionsniveau* der Persönlichkeits- und Störungstheorie ist zu hoch und die Darstellung zu allgemein. Z. B. ist das Selbstkonzept unklar definiert.
2. Viele Begriffe werden wie *Glaubenssätze* hingestellt, z. B. die Aktualisierungstendenz des Individuums.
3. Voraussetzungen für Wahrnehmungsprozesse, die aus der *Allgemeinen Psychologie* bekannt sind, werden nicht hinreichend berücksichtigt.
4. Das objektiv beobachtbare Klientenverhalten wird zu *undifferenziert* gesehen und nicht in Beziehung zu inneren Prozessen gesetzt.
5. Der aktuelle Forschungsstand der *Psychopathologie* und *Entwicklungspsychologie* wird nicht in Rechnung gestellt.
6. Erkenntnisse aus anderen psychologischen Teildisziplinen werden nicht berücksichtigt, z. B. *Sozialpsychologie* ebenso wenig wie *gesellschaftliche* Einflüsse.
7. Prognosen, wenn sie gemacht werden, zielen auf innere Prozesse ab und nicht auf operationale Größen, und schließlich: aus der Theorie abgeleitete »Gesetzmäßigkeiten« sind nur *unpräzise* Generalisierungen, d. h. zu ungenau.

Insgesamt sind die Therapieziele zu stark von der therapeutischen Praxis abgehoben. Man kann drei Typen solcher Therapieziele unterscheiden:

- anthropologische Begriffe
- dispositionelle Begriffe
- beobachtbare Begriffe

Die Therapieziele der Gesprächstherapie – es sind bei unterschiedlichen Autoren insgesamt 69 (zusammengestellt von Arendt & Ludwig 1978, zit. nach Zielke 1979) – fallen in der Mehrzahl entweder in die anthropologische Kategorie mit ethischem Akzent (z.B. Selbstverwirklichung) oder in die dispositionelle (z.B. Offenheit gegenüber Erfahrungen). Die anthropologischen Begriffe sind Postulate, die empirisch nicht untersuchbar sind. Sie markieren eine Werthaltung gegenüber dem Menschen. Die dispositionellen Begriffe sind im Prinzip untersuchbar, nur muß man das Ausmaß einer klinisch relevanten Veränderung festlegen. Minsel & Zielke (1978) kommen zusammenfassend zu dem Schluß, die Gesprächstherapie sei eine Psychotherapiemethode, zu der eine Vielzahl empirischer Befunde vorliegen, ohne daß ein klärender systematischer Rahmen gegeben sei.

Es kann die Originalität der Rogerschen These von den drei Beziehungsvariablen angezweifelt werden – etwa hat Wolpe (1969) ebenfalls die Bedeutung der Therapeut-Klient-Beziehung hervorgehoben: »Was der Klient sagt, wird ohne Kritik akzeptiert. Ihm wird das Gefühl vermittelt, daß der Therapeut unumstößlich auf seiner Seite ist. Dies wird nicht nur dadurch versucht, daß der Therapeut sich bemüht, sympathisch zu wirken – sondern es ergibt sich ganz natürlich daraus, daß der Therapeut das menschliche Verhalten versucht, objektiv und ohne moralisierende Haltung zu betrachten.« Sloane et al. (1975) fanden die Therapeutenvariablen bei Verhaltenstherapeuten ironischerweise besonders stark ausgeprägt.

Rogers' Behauptung der notwendigen und hinreichenden Bedingung von Empathie, Akzeptanz und Kongruenz ist unhaltbar. Es gibt eine Unzahl von Untersuchungen, die den Zusammenhang von Therapieerfolg und diesen Bedingungen analysieren. Während Truax & Mitchel (1971) aufgrund von 14 Berichten zu dem Ergebnis kommen, daß Therapeuten, die diese drei Qualitäten zeigen, effektiv sind, ändert sich die Meinung derselben Autoren zwei Jahre später. Mitchel et al. (1977) fanden in den genannten 14 Untersuchungen, daß jeweils nur etwa ein Drittel der Korrelationen der drei Therapeutenmerkmale mit dem Therapieerfolg positiv waren:

Empathie:	24 von 109 Korrelationen
Akzeptanz:	38 von 108 Korrelationen
Kongruenz:	26 von 88 Korrelationen

Es gibt darüber hinaus eine Reihe von direkt widersprechenden Resultaten. Truax, Carkhuff & Kodman (1965) fanden bei chronischen Schizophrenen in Gruppentherapie einen negativen Zusammenhang zwischen Empathie und Therapieerfolg. Ebenfalls einen negativen Zusammenhang fanden Truax et al. (1966) zwischen Akzeptanz und Therapieerfolg bei ambulanten Patienten in Einzeltherapie. Bergin & Jasper (1969) stellten eine Nullkorrelation zwischen Kongruenz und Therapieerfolg fest.
Mitchel et al. kommen 1977 daher zu dem Schluß, daß die Rogers-Hypothese von den notwendigen und hinreichenden Therapiebedingungen zumindest kontrovers sei. Parloff et al. (1978) geben eine Reihe von Faktoren an, die möglicherweise für die widersprüchlichen Ergebnisse verantwortlich sind:

1. Rogers hat immer gemeint, daß die drei Qualitäten vom Klienten so empfunden werden müssen. Die Mehrzahl der Untersuchungen jedoch benutzt Fremdbeurteilungen von Tonbändern. Nun ist aber bekannt, daß die Erlebnisbeurteilungen der Klienten im allgemeinen höher ausfallen als die Fremdbeurteilungen nach Tonbändern. Das kann man sich mit den zusätzlichen Kommunikationskanälen wie Blickkontakt, Körperhaltung usw. erklären, die auf dem Tonband verlorengehen. Die *Fremdbeurteilung* der Therapeutenqualitäten ist daher eigentlich für die Hypothese von Rogers irrelevant.
2. In den einzelnen Untersuchungen werden unterschiedliche Erfolgsmaße verwendet – dabei ist bekannt, daß die *Konkordanz* zwischen verschiedenen Erfolgsmaßen häufig gering ist. Da nimmt es nicht wunder, wenn die Korrelationen mit diesen Erfolgsmaßen unterschiedlich ausfallen.
3. Und schließlich ist vermutlich die These irrig, daß die Therapeutenqualitäten unabhängig vom Klienten herstellbar seien. Vielmehr handelt es sich wohl um einen *Interaktionsprozeß* zwischen Therapeut und Klient. D.h. mit manchem Klienten gelingt es einem Therapeuten, diese Merkmale herzustellen, mit anderen Klienten dagegen nicht.

Parloff et al. (1978) kommen daher zu dem Schluß, daß die Bedingungen von Rogers für sich genommen weder notwendig noch hinreichend sind. Vielmehr muß die Betrachtungsweise erweitert werden, indem man u.a. Therapieart, Therapeuten- und Kliententyp sowie deren Interaktion berücksichtigt. Dennoch muß Rogers das Verdienst zugestanden werden, eine Forschung eingeleitet zu haben, die sich mit bedeutsamen Merkmalen der therapeutischen Interaktion empirisch befaßt hat.

Zusammenfassung

Die Gesprächstherapie ist eine ganzheitliche, humanistisch orientierte Maßnahme. Sie basiert auf der Forderung einer menschlich bereichernden Beziehung zwischen therapeutischem Helfer und Klienten. Diese Beziehung wirkt pauschal auf die Selbstverwirklichung des Klienten und hilft ihm bei der Aufarbeitung von Problemen, d. h. von verzerrt wahrgenommenen Umweltgegebenheiten und unentdeckten oder verschütteten Bereichen seines Selbst. Dieses hilfreiche therapeutische Gespräch kommt dann zustande, wenn nach Rogers der Therapeut die drei Merkmale der Akzeptanz (Achtung – Wärme), der Empathie (einfühlendes Verstehen) und Kongruenz (Echtheit) aufweist. Diese Merkmale sind nicht als Techniken zu verstehen, sondern als menschliche Qualitäten des Helfers, die auch nicht durch rein intellektuelle Anstrengungen gelernt werden können. Sie haben sich weder als notwendig noch als hinreichend erwiesen. Vielmehr sind andere Aspekte hinzugekommen, die u. a. eine Erlebnisaktivierung beim Klienten bewirken. Die Therapie strebt eine konstruktive Persönlichkeitsentwicklung an, die darin zum Ausdruck kommt, daß der Klient

- über emotionale Inhalte redet, die für ihn problematisch sind (Selbstexploration, SE)
- sich aktiv mit sich selbst und seinen Problemen auseinandersetzt.

Die Gesprächstherapie kann in ihrer Wirksamkeit schwer eindeutig erwiesen werden, da ihre Effekte intrapsychischer Art und schlecht objektivierbar sind. Es ist eine wesentliche Leistung von Rogers und seinen Nachfolgern jedoch darin zu sehen, bestimmte Therapeutenvariablen systematisch dargestellt und die Interaktion von Klient und Therapeut ins Zentrum der Beachtung gerückt zu haben. Unabhängig davon imponiert der Ansatz von Rogers durch seine humanistische Orientierung und die Betonung der positiven Aspekte der menschlichen Natur, die im Gegensatz zur Sichtweise der Psychoanalyse steht, die z. B. einen angeborenen Destruktionstrieb im Menschen annimmt. Weitere Unterschiede zur Psychoanalyse liegen in der Betonung des Erlebens hier und jetzt und der emotionalen aktiven Beteiligung des Therapeuten, der stark stützend eingreift. Im Gegensatz zur Lerntheorie betont Rogers die Autonomie des Menschen. Er sieht aber auch eine Antinomie: aus der objektiven Sichtweise ist der Mensch mit zunehmender Erforschung mehr und mehr eine deterministische Maschine, die man nur als solche wissenschaftlich untersuchen kann. Subjektiv dagegen erlebt sich der Mensch als frei und nicht determiniert in seinem Verhalten. Rogers ist der Meinung, daß dieser Widerspruch unauflösbar ist und man mit ihm als Psychologe leben muß.

Die Therapie ist nicht nur für den Klienten eine bedeutsame Erfahrung, sondern nach Rogers Meinung auch für den Therapeuten. Diese Erfahrung ist für die Ausbildung wichtig und kann durch ein theoretisches Studium allein nicht ersetzt werden. Der Therapeut erfährt mit jeder Therapiestunde neu die Einzigartigkeit und Subjektivität der inneren Prozesse als »Schlüssel zum Verständnis des menschlichen Lebens«, ebenso wie das stets weckbare Entwicklungspotential jedes Individuums. Er spürt das Bedürfnis nach menschlicher Beziehung und es bestätigt sich ihm, daß sich das Leben nur im »aktuellen Moment vollzieht« (1973, S. 7–13). Rogers möchte für Veränderungen seiner eigenen Person offenbleiben, ebenso wie für neue Forschungsresultate.

Empfohlene Literatur

Bommert, H., Grundlagen der Gesprächspsychotherapie. Stuttgart: Kohlhammer 1977 (4. Aufl. 1987)

Bommert, H. & Dahlhoff, Erlebnisaktivierung in der Psychotherapie. München: Urban & Schwarzenberg 1975

GWG, Die Klientenzentrierte Gesprächspsychotherapie. München: Kindler 1975

Minsel, W. R., Praxis der Gesprächspsychotherapie. Wien: Böhlhaus 1974

Parloff, M. B. et al., Research on Therapist Variables in Relation to Process and Outcome (1978) in: Garfield, S. C., & Bergin, A. E., Handbook of Psychotherapy and Behavior

Rogers, C. R., Die klientenzentrierte Gesprächspsychotherapie. München: Kindler (1951, deutsch 1973)

Rogers, C. R., Encounter-Gruppen. München: Kindler (1970, deutsch 1974)

Tausch, R., Gesprächspsychotherapie. Göttingen: Hogrefe 1974

Zielke, M., Indikation zur Gesprächspsychotherapie. Stuttgart: Kohlhammer 1979

Anhang 1: Erweiterte Therapeutenbeurteilung nach Schwartz (1975)

»Einfühlendes Verstehen«

1. Flexibilität im Sprachverhalten

Die Äußerungen des Psychotherapeuten sind sprachlich inflexibel.	1 2 3 4 5 6 7	Die Äußerungen des Psychotherapeuten sind sprachlich flexibel.

2. Weitergehen des Psychotherapeuten

Der Psychotherapeut hält sich eng an die unmittelbaren Äußerungen des Klienten.	1 2 3 4 5 6 7	Der Psychotherapeut faßt das vom Klienten Geäußerte weiter.

3. Häufigkeit des Ansprechens von Gefühlen des Klienten

Der Psychotherapeut spricht kaum von Gefühlen des Klienten, weder von tatsächlich geäußerten noch von solchen, die hinter den vom Klienten geschilderten Vorgängen vermutet werden können.	1 2 3 4 5 6 7	Der Psychotherapeut spricht so oft wie möglich von Gefühlen des Klienten, und zwar sowohl von solchen, die der Klient tatsächlich geäußert hat als auch von solchen, die hinter den vom Klienten geschilderten Vorgängen vermutet werden können.

4. Richtigkeit der Psychotherapeutenäußerung

Die Äußerungen des Psychotherapeuten über die Gefühle des Klienten sind unzutreffend.	1 2 3 4 5 6 7	Die Äußerungen des Psychotherapeuten über die Gefühle des Klienten sind zutreffend.

5. Unbestimmtheit der Aussage des Psychotherapeuten

Die Äußerungen des Psychotherapeuten sind abschließend.	1 2 3 4 5 6 7	Die Äußerungen des Psychotherapeuten sind offenlassend.

6. Innere Beteiligung des Psychotherapeuten

Der Psychotherapeut wirkt in seinen Äußerungen innerlich unbeteiligt.	1 2 3 4 5 6 7	Der Psychotherapeut wirkt in seinen Äußerungen innerlich beteiligt.

7. Deutlichkeit der Psychotherapeutenäußerung

Der Psychotherapeut äußert sich vage.	1 2 3 4 5 6 7	Der Psychotherapeut äußert sich deutlich.

8. Konkretheit der Formulierungen des Psychotherapeuten

Der Psychotherapeut formuliert abstrakt.	1 2 3 4 5 6 7	Der Psychotherapeut formuliert konkret.

Anhang 2: Erweiterte Klientenbeurteilung nach Schwartz (1975)

»Zuwendung des Klienten zu seinem Erleben«

1. Differenziertheit der Klienten-Äußerungen

Der Klient äußert sich pauschal über sein gefühlsmäßiges Erleben und seine gefühlsmäßigen Beziehungen zur Umwelt.	1 2 3 4 5 6 7	Der Klient äußert sich differenziert über sein gefühlsmäßiges Erleben und seine gefühlsmäßigen Beziehungen zur Umwelt.

2. Intensität der Auseinandersetzung mit sich selbst

Man spürt, daß der Klient sich kaum mit sich selbst auseinandersetzt.	1 2 3 4 5 6 7	Man spürt, daß der Klient sich intensiv mit sich selbst auseinandersetzt.

3. Gefühlsbezogene Selbstreferenzen

Der Klient spricht kaum über seine gefühlsmäßigen Erlebnisinhalte.	1 2 3 4 5 6 7	Der Klient spricht überwiegend über seine gefühlsmäßigen Erlebnisinhalte.

4. Gefühlsmäßige Nähe des Klienten zu seinen Äußerungen

Bei seinen Schilderungen wirkt der Klient gefühlsmäßig distanziert.	1 2 3 4 5 6 7	Bei seinen Schilderungen geht der Klient innerlich mit.

5. Spontaneität des Sprechens

Der Klient redet von sich aus wenig.	1 2 3 4 5 6 7	Der Klient redet von sich aus viel.

6. Akzeptieren eigener Gefühle

Man spürt, daß der Klient seinen Gefühlen gegenüber eine abwehrende Haltung einnimmt.	1 2 3 4 5 6 7	Man spürt die Bereitschaft des Klienten, seine Gefühle für sich zu akzeptieren.

10. Gestalttherapie

10.1 Historisches

Die Gestalttherapie ist ein ganzheitlicher Ansatz, der zugleich Persönlichkeitstheorie, Theorie der Neurose, Therapie und Philosophie sein will. Die Gestalttherapie geht auf Frederick S. Perls zurück (1893–1970). Sie bezieht Anregungen aus verschiedenen philosophischen und psychologischen Traditionen: In der Hauptsache aus dem Existentialismus, der Psychoanalyse und der Gestaltpsychologie. F. S. Perls wurde zunächst bei verschiedenen Analytikern ausgebildet und von ihnen beeinflußt. Besonders gingen Rank's Überlegungen zum Geburtstrauma und Reich's Theorie des körperlichen Ausdrucks charakterlicher Verformungen in seine Therapieform ein. Nach Rank (1931) resultieren aus dem Geburtstrauma die Angst vor Trennung und der Wunsch nach Vereinigung. Beide sind ambivalent: Trennung bringt Selbständigkeit, aber auch Verlust; Vereinigung bringt Geborgenheit, aber auch Auflösung mit sich. In der Interaktion mit Menschen unseres täglichen Lebens stellt sich dieses Problem neu. Der Integration von Trennung und Vereinigung zu einer praktikablen Lebensform wird Widerstand entgegengebracht, wenn das Individuum nur die negativen Seiten, nämlich Auflösung und Verlust, sieht und angstvoll erlebt. Rank sieht diesen Widerstand durchaus positiv als eine Bemühung, ein mühsam erreichtes Gleichgewicht beizubehalten, sei es auch noch so unzulänglich. Diese Sicht des Widerstandes hat die Gestalttherapie übernommen: Widerstand birgt in sich die Kraft des Organismus, die bereits im Dienst der Lösung des Problems steht und dafür nur effektiver eingesetzt werden muß.
Reich (1933) hat auf den körperlichen Ausdruck der charakterlichen, d. h. habituellen psychischen Fehlhaltungen, aufmerksam gemacht: die zusammengepreßten Kiefer als Zeichen der Verbissenheit, die hochgezogenen Schultern als Zeichen der Angst, den Hals weit herauszustrecken (zu riskieren), die angewinkelte linke Schulter als Abwehr, die Steifheit des Beckens als Angst vor der Sexualität usw. Diese Einheit von Psyche und Körper wird von der Gestalttherapie betont und nutzbar gemacht. Sie widmet dem Körper gleichviel Aufmerksamkeit wie den Worten – insbesondere dann, wenn Worte nicht weiterführen.
Perls war Feldarzt im Ersten Weltkrieg. Im Rahmen seiner medizinischen Ausbildung arbeitete er mit dem Neurologen Kurt Gold-

stein zusammen, der aufgrund neuroanatomischer Befunde zu der Erkenntnis kam, daß für die Funktion des Menschen ganzheitliche Prinzipien wirksam sind – so, wie es die Gestaltpsychologen annehmen. Perls erhielt eine psychoanalytische Ausbildung am Berliner Institut unter anderem bei Wilhelm Reich. Er kannte Freud und hat ihn in vielen Punkten polemisch angegriffen. Etwa, daß Freud sein eigenes Symptom, nämlich die Angst, den Leuten in die Augen zu sehen, zur Therapieform gestaltet hätte. Damit spielt er auf die analytische Sitzanordnung an, bei der der Therapeut hinter dem Klienten sitzt. Während des Dritten Reichs wanderte er nach Südafrika aus, wo er als Heerespsychiater tätig war und ein psychoanalytisches Institut gründete. Später hat er sich von der Psychoanalyse weitgehend distanziert. Nach dem Zweiten Weltkrieg gründete Perls das weithin bekannt gewordene *Esalen-Institut* in Kalifornien, wo verschiedene humanistische Therapieformen in Seminaren zur Selbsterfahrung und Weiterbildung praktiziert werden. Perls Einstellung zur Therapie war ausgesprochen unakademisch. Er hat selbst kaum ein Buch über Gestalttherapie geschrieben – mit Ausnahme des frühen »Ich, Hunger und Aggression« (1947). Das Standardwerk »Gestalttherapie« (1951) wurde im wesentlichen von dem Philologen und Lyriker Paul Goodman nach einem 50seitigen Manuskriptentwurf von Perls verfaßt. Alle anderen Bücher sind zum größten Teil Transkripte von Therapiesitzungen und Seminaren. Nach Berichten seiner Schüler (I. Fromm, M. u. E. Polster) war Perls auch nicht vorrangig an der langdauernden Behandlung einzelner Patienten interessiert. Vielmehr war er häufig unterwegs, um Seminare abzuhalten. Sein Interesse galt der Gestalttherapie als humanistischer Lebensphilosophie.

10.2 Persönlichkeitstheorie

Gestaltpsychologie und Gestalttherapie

Gestaltstherapie begreift den Menschen oder jeden Organismus als Prozeß, sowohl psychisch als auch physisch und sieht das Zusammenwirken von Körper und Psyche als unauflöslich an. (Nicht: »Ich *habe* Schmerzen, Ärger ... usw.«, sondern: »Ich *bin* Schmerz, Ärger ... usw.«) Die Prozeßhaftigkeit schlägt sich somatisch in vielfältigen Veränderungen, die der Körper dauernd durchmacht, nieder. Psychisch ist sie in dem ständigen Wechsel von Bedürfnisgestalten und deren Zerstörung durch ihre Befriedigung zu erkennen. Lose anknüpfend an die Gestaltpsychologie

(z. B. Köhler, 1972), überträgt Perls die Prinzipien der Wahrnehmungsformation auf die Formation von Bedürfnissen. In unserer Umwelt nehmen wir bestimmte Gegenstände als Gestalten auf einem mehr oder weniger diffusen Hintergrund wahr und von der Vielzahl von Gegenständen, die wir sehen und wahrnehmen, stehen wieder einige mehr im Vordergrund, einige mehr im Hintergrund. Analog dazu entstehen in uns dauernd Bedürfnisse, die wir wahrnehmen und von denen einige so wichtig sind, daß sie sich momentan in den Vordergrund schieben und die markanteste Gestalt bilden. Etwa taucht, während wir lesen, neben der Gestalt der Ideen, die wir dem Text entnehmen, plötzlich aufgrund eines Hungergefühls die Vorstellung eines Restaurants in uns auf und meldet damit das Bedürfnis an, Essen zu gehen. Erreicht diese Bedürfnis-Gestalt ohne Schwierigkeiten unser Bewußtsein, so ist der Vorgang ungestört. Die Befriedigung dieser Bedürfnisse – die möglicherweise hinausgeschoben werden muß, ohne daß sie dadurch aus dem Bewußtsein weichen – vollendet die Gestalt, beseitigt sie und läßt andere Gestalten in den Vordergrund treten, z. B. das Bett, um die Müdigkeit zu befriedigen, einen Spazierweg, um sich Bewegung zu verschaffen, eine Zigarre, um sie zu rauchen usw. Perls verzichtet auf einen festen Katalog solcher Bedürfnisse. Es gibt ihrer unendlich viele und es ist ein ständiges Auf und Ab solcher Bedürfnisse vom Hintergrund zum Vordergrund zu ihrer Befriedigung und Beseitigung. Deswegen ist eine fixe Persönlichkeitsstruktur in Form von überdauernden Bedürfnisprofilen nicht von Belang. Können die sich in den Vordergrund drängenden Bedürfnisse nicht erfüllt werden, so melden sie sich wieder, bis sie befriedigt sind. Solche unabgeschlossenen Bedürfnis-, Affekt- und Empfindungsfiguren können uns in unserem täglichen Leben stören und neurotisch machen. Besonders dann, wenn sie große subjektive Bedeutung haben, aber ihre Erfüllung nicht möglich erscheint.

Ein Mann berichtet, daß er schon als Kind immer die väterliche Rolle spielen mußte – als älterer Bruder mußte er der Mutter einen Teil der Verantwortung für seinen jüngeren Bruder abnehmen. Dadurch hatte er zur Mutter ein »erwachsenes«, eher kollegiales Verhältnis, in dem für Zärtlichkeit wenig Raum war. In seiner Studienzeit behielt er dieses distanzierte Verhältnis zu Frauen bei und lebte fast mönchisch. Schließlich heiratete er eine Frau, die aufgrund ihrer eigenen, eher körperfeindlichen Erziehung einer kühlen Ehebeziehung sehr entgegenkam. Nun aber durch die Heirat legitimiert, meldete sich das lange zurückgehaltene Zärtlichkeitsbedürfnis des Mannes wieder, wodurch sich die Frau stets überfordert fand, häufig zurückweisend war und so den Mann frustrierte.

Die Gestalttherapie knüpft an zwei Befunde der Gestaltpsychologie an. Zum einen an die Tatsache, daß offene, unerledigte Gestalten die Tendenz haben, immer wieder aufzutauchen, bis sie befriedigt sind. Zeigarnik (1938) und andere Mitarbeiter Lewins hatten gezeigt, daß unabgeschlossene Aufgaben länger im Gedächtnis haften bleiben als abgeschlossene. Dies gilt besonders für subjektiv wichtige Inhalte, nämlich z. B. stärkere Bedürfnisse (Zeigarnik-Effekt). Zum anderen an die Tatsache, daß die Wahrnehmung zwischen Vordergrund, d. h. Figur und Hintergrund unterscheidet. Unsere Wahrnehmung ist um so schärfer, je prägnanter sich die Figur vom Hintergrund abhebt. Auf Bedürfnisse übertragen entspricht das Bewußtsein der Figur und das Unterbewußtsein dem Grund. Prägnanz der Bedürfnisfigur macht unsere Erlebnisintensität aus.

Das Ich, in dem diese Bedürfnisse in den Vordergrund treten, hat keine festen Grenzen, sondern es erweitert sich je nach Bedürfnislage. Ich bin undenkbar ohne mein berufliches Umfeld und die Personen, mit denen ich verkehre, ebenso wie eine Pflanze ohne Wasser, Luft und Erde nicht wachsen kann. Deswegen gehören Teile dieser Umwelt zu meinem Selbst. Die Grenzen des Selbst sind aber variabel; einmal umschließen sie mehr, einmal weniger. Das Ich ist daher interaktiv definiert. Indem wir uns mit unserer Umwelt auseinandersetzen, nehmen wir Teile davon in uns auf und machen sie uns zu eigen. Auf diese Weise lernen wir dazu. Wir übernehmen Ansichten von anderen Personen, wie z. B. den Eltern. Dabei kann es dazu kommen, daß wir diese Teile nicht richtig assimilieren. Wir nehmen sie unter bedrohlich empfundenen Bedingungen an, ohne uns aus eigenem Antrieb dafür entschieden zu haben. So entstehen Fremdkörper in uns (Introjekte). Wir können aber auch Teile, die wir an uns nicht dulden wollen, nach außen verlagern, als wenn sie nicht zu uns gehörten, wie etwa bestimmte Bedürfnisse oder Ängste (Projektionen). Beides führt zur Neurose und kann als Entfremdung gekennzeichnet werden.

Die Gestalttherapie strebt die Wiederherstellung von Gestalten auf zwei Ebenen an: einmal soll durch Rückgewinnung der entfremdeten Teile die Persönlichkeit wieder zu einem heilen Ganzen, einer Gestalt werden. Zum anderen soll der Klient lernen, jedes einzelne Bedürfnis sich zu einer Gestalt formieren zu lassen, das er dann klar erkennt, befriedigen kann und damit erledigt, sofern es die Umstände zulassen. Nach Perls (1973) ist das Verhältnis des neurotischen Menschen zur Umwelt dadurch gestört, daß er den Forderungen der anderen und der Gesellschaft im allgemeinen zu wenig widersteht. Er ignoriert eigene Bedürfnisse, die sich dann als

Angst, Scham oder Depression bemerkbar machen. Das andere Extrem einer gestörten Interaktion mit der Umwelt sieht Perls im Psychopathen. Dieser stellt seine Bedürfnisse grundsätzlich über die des anderen ohne Rücksicht auf dessen Schädigung. Dabei übersieht Perls allerdings, daß auch neurotische Motive zu sozial nicht gebilligte Handlungen führen können, wie am Beispiel des Hochstaplers, des Kleptomanen oder Pädiophilen deutlich wird.

Bewußtsein

Wir leben als bewußte Menschen; das unterscheidet uns von Tieren. Dieses Bewußtsein hat, nach Perls, drei Schichten: Den Kern des Bewußtseins bildet unser Inneres, unsere Bedürfnisse. Nach außen hin haben wir das Bewußtsein der Wahrnehmung der

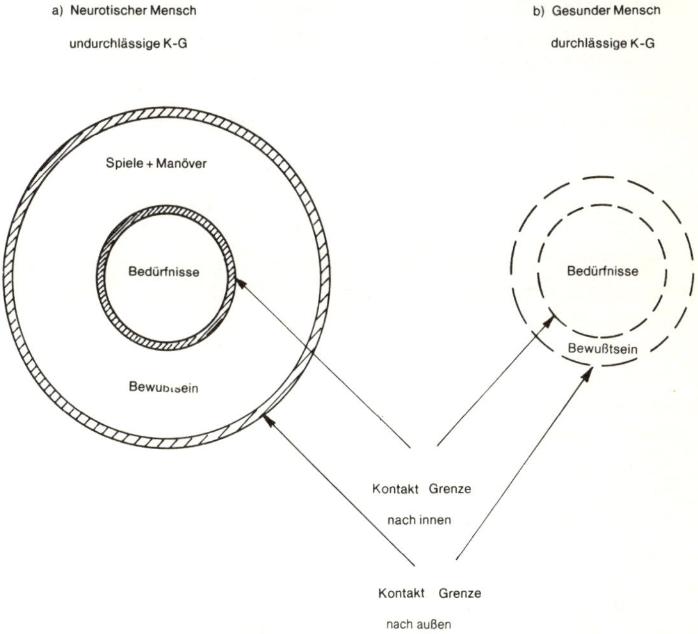

Abb. 10.1: Die drei Wahrnehmungsfelder: Umwelt, Bewußtsein und Bedürfnisse beim neurotischen Menschen (a) und beim gesunden Menschen (b). Die Kontaktgrenzen sind bei a undurchlässig und die Bewußtseinszone ist weiter als bei b

Umwelt. Und dazwischen gibt es eine Schicht, in der sich kognitive Prozesse abspielen. Dort laufen Umstrukturierungen ab, nämlich die Spielchen und Kämpfe zwischen polaren Lösungen. Hier spielt sich z. B. das sogenannte »topdog/underdog«-Spiel ab: das Über-Ich, das dauernd moralische Zwänge uns auferlegt und Leistungsforderungen stellt, setzt sich mit dem Unter-Ich (das es bei Freud nicht gibt) auseinander. Dieses Unter-Ich sucht ständig Ausreden, Entschuldigungen dafür, daß es den Ansprüchen nicht genügen kann. Dieser Ambivalenz des eigenen Wollens, dieser Spaltung des Ichs entspricht die Polarität von Persona und Schatten bei Jung (s. Band 1, Kapitel 3). Wie Jung möchte Perls beide Seiten zur Geltung kommen lassen und strebt eine Integration an. Auch Personen sind nach Perls in uns ambivalent repräsentiert. Es sind oft dieselben Eigenschaften an ihnen, die wir lieben und hassen und die sich in uns miteinander auseinandersetzen.

Für die Gestalttherapie ist es wichtig, daß wir mit unserem Inneren und unserer Umwelt in Kontakt treten und daß die mittlere Zone, in der Transformationen und Manipulationen der Bewußtseinsinhalte auftreten (der menschliche Computer), keinen zu breiten Raum einnimmt. Emotionen entstehen dann, wenn innere Bedürfnisse wahrgenommen werden und die Auseinandersetzung mit der mehr oder weniger dazu passenden Umwelt stattfindet. Emotionen sind die Manifestation der dabei aktivierten Energie; sie entstehen immer dann, wenn wir mit unserer Umwelt oder unseren Bedürfnissen Kontakt aufnehmen. Die Befriedigung von Bedürfnisgestalten erfordert Kontakt mit der Umgebung und ist häufig mit Aggression verbunden (Perls, 1969). Diese Aggression können wir u. U. nicht akzeptieren.

Der gesunde Mensch zeichnet sich durch kontinuierliche Bewußtheit seiner Bedürfnisse und der polaren Gegensätze in ihm aus. Die neurotische Tendenz im Menschen besteht darin, daß bei Auftreten unangenehmer Bedürfnisse oder Ereignisse das Bewußtsein ausgeschaltet wird. Die Erhaltung der Bewußtheit, auch die der unangenehmen Bedürfnisse, ermöglicht ein Integrieren von Gegensätzen, von Bedürfnissen und den nicht dazu passenden Gegebenheiten der Umwelt. Ein Mensch lebt dann im Hier und Jetzt und nicht in der Phantasie, in der Vergangenheit oder in der Zukunft.

Die Betonung der Bewußtheit könnte man für Spontaneität und Natürlichkeit als abträglich ansehen. Das Gegenteil ist der Fall. Die in der Gestalttherapie verwendeten Übungen, um Empfindungen, Gefühle, Wünsche und Bewertungen bewußt zu machen, zielen auf die blinden Flecken ab, die wir uns erlauben, um unangenehmen Konfrontationen aus dem Wege zu gehen. Diese Vermeidung ist oft bequem, aber kostspielig, da sie viel Energie verschluckt, und sie nimmt uns die Spontaneität. Die Gestalttherapie versucht, die blinden Flecken bewußt zu machen und den Menschen zu befähigen, die darin versteckten widersprüchlichen Wünsche zu integrieren, um diese Energie wieder freizusetzen – das bedeutet, das Leben intensiver zu machen.

Besondere Bedeutung kommt in der Gestalttherapie dem Bewußtwerden von Gefühlen zu. Gefühle sind spontane, rational nicht kontrollierte Reaktionen des Organismus auf Umweltgegebenheiten. Sie haben Handlungsimplikationen wie Zuwendung, Flucht, Aggression, sexuelle Annäherung u. a., die bisweilen unangenehm sind. Häufig werden sie unterdrückt, obwohl sie im Grunde eine wichtige Entscheidungsbasis darstellen. Diese Unterdrückung sucht die Gestalttherapie aufzuheben. Dabei geht sie davon aus, daß die Handlungsimplikationen solcher Gefühle oft deswegen so peinlich sind, weil wir Bewertungen übernommen haben, die uns eigentlich fremd sind (unverdaute Introjekte). Eliminieren wir diese Introjekte wieder und lassen die Gefühle zu, dann gelingt oft ihre Integration. Auch Wünsche werden in der Gestalttherapie bewußt gemacht, um unerledigte Geschäfte zum Vorschein zu bringen. Folgende Übung mag den Prozeß der Bewußtwerdung von Gefühlen und Wünschen demonstrieren (Perls, Hefferline & Goodman 1951, S. 121):

»Durchleben Sie in der Phantasie mehrfach Erfahrungen, die stark emotional getönt waren und versuchen Sie, jedesmal neue Details darin zu entdecken; z. B. was war Ihr schrecklichstes Erlebnis?

Durchleben Sie es gefühlsmäßig als sei es gerade geschehen. Und noch einmal. Und noch einmal. Benutzen Sie bei Ihren inneren Verbalisierungen die Gegenwartsform. Vielleicht kommen in der Phantasie Worte hoch, die Sie oder jemand anderes geäußert haben. Sagen Sie sie laut vor sich hin. Hören Sie sich zu und fühlen Sie, wie Sie die Worte formen und ausdrücken.

Bei welcher Gelegenheit wurden Sie am stärksten gedemütigt? Durchleben Sie die Szene mehrfach. Achten Sie darauf, ob Ihnen dabei ähnliche Erfahrungen in den Sinn kommen, die noch weiter zurückliegen. Wenn das der Fall ist, wechseln Sie zu diesen Erfahrungen über und arbeiten Sie sich so allmählich in der Zeit rückwärts. Machen Sie dasselbe für so viele andere emotionale Erfahrungen wie möglich. Gibt es z. B. Trauersituationen, die nicht abgeschlossen sind? Konnten Sie weinen, als jemand starb, der Ihnen sehr lieb war? Wenn nicht, können Sie es jetzt? Können Sie sich vorstellen, am Sarg zu stehen und Abschied zu nehmen?

Wann in Ihrem Leben waren Sie am stärksten in Wut, beschämt, verlegen, voller Schuldgefühle? Können Sie diese Gefühle jetzt empfinden?

Wenn nicht, spüren Sie, was Sie unternehmen, um diese Gefühle zu blockieren?«

Eine Episode aus Polster & Polster (1975, S. 211) mag veranschaulichen, was das Bewußtwerden von Gefühlen zu leisten vermag, die aus unangenehmen Situationen stammen.
Eine Klientin erinnert sich daran, von zwei Männern abgewiesen worden zu sein, in die sie sehr verliebt gewesen sei. In der Phantasieübung, sich mit diesen Männern auseinanderzusetzen, kommen Wut, das Gefühl des Verlusts, Groll und Verbissenheit zum Ausdruck. Damit macht die Klientin ihren unerledigten Gefühlen gegenüber diesen Männern Luft. Nach dieser Erfahrung hatte sie in bezug auf ein aktuelles Problem eine andere Sicht gewonnen. Sie hatte gegenüber ihrem Chef, einem ganz unbedeutenden Mann, mit dem sie gar nicht viel zu tun hatte, permanent einen ganz unbegreiflichen Groll gehegt. Diesen empfand sie nach der oben beschriebenen Phantasieaussprache nicht mehr. Offenbar hatte sie gegen die arglose Person ihres Chefs den Groll aus der unerledigten Auseinandersetzung mit ihren früheren Bekanntschaften übertragen. Sie hatte in neurotischer Fixierung diese Person zum Mittelpunkt ihres Lebens gemacht und konnte sich jetzt daraus befreien.

Kontakt und Assimilation

Von praktischer wie theoretischer Bedeutung ist für die Gestalttherapie der Begriff des *Kontakts* (vgl. Perls, Hefferline & Goodman, 1951, Kapitel XII–XV oder Polster & Polster, 1975, Kapitel 5–7). Sich zur Gestalt formierende Bedürfnisse erfordern die Kontaktaufnahme mit unserer Umwelt. Das Bewußtwerden unserer Bedürfnisse bedeutet ebenfalls Kontakt: Kontakt mit uns selbst. Kontakt ist die Voraussetzung für eine Weiterentwicklung, da er die nötigen Erfahrungen vermittelt. Im Kontakt prüfen wir, was von unserer Umwelt wir aufnehmen und zurückweisen wollen. Im Kontakt entwickeln sich Gefühle, die die Antwort des Organismus auf die Umwelt darstellen. Der Kontakt mit Personen und Ereignissen ist gewissermaßen das psychische Organ, um Beziehungen herzustellen.
Kontakt ist notwendigerweise etwas Vorübergehendes. Es entspricht der gestalttherapeutischen Auffassung, daß Beziehungen fluktuieren. Kontakt ist die Erfahrung von Annäherung, Berührung und Lösung. Besteht vor der Lösung Angst, dann wird der Kontakt ausgedehnt, die Grenzen zwischen mir und dem anderen werden verwischt. Es entsteht das Gefühl des Aufgebens der eigenen Grenzen – dieses Phänomen wird *Konfluenz* genannt (vgl.

dazu den Gegensatz der analytischen Begriffe »Philobatie« und »Oknophilie« von Balint, 1959).

Die Gestalttherapie lehrt den Klienten, seine Kontaktfähigkeit wieder herzustellen, weil Kontakt Erfahrung bedeutet, im Gegensatz zur Spekulation über die Person und ihre Probleme. Kontakt ermöglicht das Ausprobieren neuer Möglichkeiten, die als bedeutsam erlebt werden, wenn sie von Klienten stammen und nicht nur im Sinne eines Auftrags ausgeführt werden. Kontakt ermöglicht Spontaneität. Dabei werden vorhandene Grenzen versuchsweise überschritten: Grenzen der Vertrautheit, der Wertung, des Ausdrucks und auch der Bloßstellung. Durch die Überschreitung unserer Grenzen machen wir neue Erfahrungen, in denen wir Angst überwinden und Frustrationen überstehen. Kontakt bildet eine Verknüpfung von Empfindung und Reaktion. Der Ausdruck und die Sinneswahrnehmung bilden die Kontaktfunktionen:

Sehen: ein Klient kann seine Mitmenschen nicht ansehen, weil er den Kontakt scheut. Anstarren dagegen könnte ein starkes, aber in seiner Sensibilität abgetötetes Kontaktbedürfnis ausdrücken.

Hören: wir hören nicht zu, weil wir vielleicht an uns gerichtete Sätze als Bestrafung empfinden und diesen Kontakt vermeiden möchten.

Riechen und Schmecken: sind animalische Fähigkeiten, die einen zweifelhaften Beiklang haben. Menschen dürfen nicht »riechbar« sein. Schmecken wird häufig zur Entscheidung zwischen brauchbarer und unbrauchbarer Nahrung herangezogen und nur von Feinschmeckern zur Kontaktaufnahme kultiviert.

Berühren: ist stark reguliert in unserer Kultur, stellt aber die unmittelbarste Möglichkeit der Kontaktaufnahme dar. Es wird daher in vielen Gruppen geradezu überschwenglich nachgeholt.

Sprechen: ist eine besonders wichtige Kontaktfunktion des Menschen, die über das Animalische hinausgeht. Sie hat den Aspekt der Stimme und den der Verbalisierung. Der Ton der Mitteilung hat im allg. größere Bedeutung als der Inhalt, wenn beide im Widerspruch stehen (probieren Sie das Wort »Danke« mit verschiedener stimmlicher Färbung). Fragen, Weitschweifigkeit, Floskeln, Gebrauch des Konjunktivs, »ja, aber . . . « und andere Manierismen können als Verbalisierungsstile den Kontakt in bestimmte Richtungen lenken und ihn beschränken.

Bewegung: ist eine letzte Kontaktfunktion. Sie zeigt durch Zögern,

Mangel an Koordination, Steifheit u.a. Schwierigkeiten im Kontakt an.

Durch die Beachtung dieser Kontaktfunktionen kann man auf Probleme des Klienten aufmerksam werden und durch Experimente mit Kontaktfunktionen dem Klienten bezüglich seiner Probleme neue Erfahrungen vermitteln. Der Gestalttherapeut versucht daher, den Klienten zu Kontaktepisoden zu führen, in denen man im allgemeinen eine gewisse Dramaturgie nachweisen kann. Polster & Polster (1975) unterscheiden 8 Phasen der Kontaktepisode:

1. Das *Auftauchen* des Bedürfnisses;
2. Der Versuch, das Bedürfnis zu *artikulieren;*
3. Die Aktivierung des *Widerstandes;*
4. Der *Kampf* zwischen Bedürfnis und Widerstand;
5. Die Erreichung des *Wendepunktes;*
6. Die sich *zuspitzende* Erfahrung;
7. Das Aha-Erlebnis *(Einsicht)*;
8. Das *Akzeptieren*.

Kontaktepisode

Ein Beispiel mag diesen Zyklus erläutern (Polster & Polster, 1975, S. 166ff.):

1. *Auftauchen des Bedürfnisses:* Der Klient beschreibt, daß er nur arbeiten kann, wenn er unter Druck ist. Hier taucht das Bedürfnis auf, etwas zu produzieren, auch ohne unter äußerem Druck zu stehen.
2. *Artikulation des Bedürfnisses:* Der Therapeut hat die Idee, daß die Unfähigkeit des Klienten, etwas frei zu produzieren, von seinem großen Sicherheitsbedürfnis herrührt. Er stellt daher den Klienten mit dem Rücken zur Wand und bittet ihn, seine Beziehung zum Raum hinter sich zu artikulieren. Der Klient wünscht sich, daß dieser Raum wie ein großer Sessel sei, in den er sich hineinkuscheln könnte und fühlt sich dabei verlegen an den Mutterleib erinnert.
3. *Widerstand:* Diese Assoziation ist dem erwachsenen Mann peinlich. Seinem Sicherheitsbedürfnis gegenüber entwickelt er einen Widerstand, indem er derartig infantile Wünsche nach Passivität zurückweist.
4. *Innerer Kampf:* Der Klient formuliert: »Ich möchte mich beschützen lassen.« Die andere Vorstellung, die sich dagegenstellt, lautet: »daß ich in der Krise aufrecht stehe und fähig bin, etwas zu unternehmen.« Diese beiden Positionen im Klienten werden mit dem Therapeuten herausgearbeitet. Es handelt sich um ein Dilemma, wie es typischerweise bei gestalttherapeutischen Interventionen an den Tag tritt. Um sich zum Handeln zu bringen, schafft der Klient eine Situation, in der von außen Druck auf ihn ausgeübt wird, weil

er sich selbst zu unsicher fühlt und sich diese Unsicherheit nicht gestattet. Zugleich aber entsteht ein Groll gegen die Forderung von außen und ein Widerstand gegen das, was er so produziert.

5. *Wendepunkt:* Der Klient phantasiert in den Raum hinter sich Hände, die ihn halten, und der Therapeut fordert ihn auf, mit den Händen einen Dialog zu entwickeln. Dabei gewinnt die Position der Schwäche etwas an Gewicht. In der Folge stellt sich der Therapeut hinter den Klienten und hält ihn mit den Händen. Dadurch erfüllt er dem Klienten vermutlich das wohl unerledigte Bedürfnis nach Schutz und Sicherheit. Das führt zu einer Entschärfung des Konflikts und wird dem Klienten zu einer angenehmen Erfahrung.
6. *Zuspitzung der Erfahrung:* In dieser Situation produziert der Klient etwas: er formuliert spontan ein Gedicht, das einerseits seine Situation beschreibt, zum anderen eine freie Produktion darstellt, die er ohne Zwang hervorgebracht hat.
7. *Einsicht:* Der Klient erkennt, daß er frei produzieren kann, ohne sich unter Druck zu fühlen. Er empfindet sich in diesem Moment als ruhenden Mittelpunkt in einem Chaos, mit dem er jedoch fertig wird, und fühlt sich befreit und friedlich.
8. *Akzeptieren:* Mit dieser Kontaktepisode hat der Klient erlebt, wie er das oben beschriebene Dilemma aus Sicherheitsbedürfnis und Produktivität löst und die Pole integriert: er kann sich den Wunsch nach Sicherheit eingestehen, entsprechende Beziehungen suchen und dann ohne Zwang produktiv sein.

Welche Wirkung haben solche Kontaktepisoden auf den Klienten? Gestalttherapeuten glauben nicht, daß dadurch das Problem des Klienten aus der Welt geschafft wird. Es ist vielmehr ein Ansatz in eine neue Richtung und eine Sensibilisierung. Derartige Lernerfahrungen können im Leben mit mehr Zuversicht wiederholt und adaptiert werden, als wenn ihr Ergebnis nur rein rational mit dem Klienten erörtert werden würde. Der Klient wird inspiriert, ähnliche Erfahrungen zu suchen, weil eine starke Motivation in ihm ausgelöst wurde. Diese Motivation kann durch Zuneigung, Frustration, Humor oder ähnliche zwischenmenschliche Ereignisse zustande gekommen sein. Dies sind daher Mittel der Therapie. Darüber hinaus kann durch solche Erlebnisse das Selbstwertgefühl so weit gesteigert werden, daß hier im Sinne von Bandura größere Kompetenzerwartungen als vorher bestehen (vgl. Band 1, Kapitel 1). In solchen Kontaktepisoden können alte, unerledigte Geschäfte wieder auftauchen und neu bearbeitet werden. Jeder Kontakt führt zu einer Veränderung des Betroffenen, die dann zu seinem Vorteil ist, wenn er dabei seine Grenzen gerade so weit überschreitet, daß das Resultat für ihn assimilierbar ist. Er sieht sich weder genötigt, im Sinne reiner Folgsamkeit das Erlebnis unkritisch zu »schlukken«, noch wird er dabei so weit von sich selbst entfremdet, daß er es nachträglich von sich weisen muß.

Perls et al. (1951) beschreiben diesen Vorgang so:

»... grundsätzlich lebt ein Organismus in seiner Umwelt, zu der er seine Unterschiedlichkeit beibehält und, noch wichtiger, indem er die Umwelt seiner Unterschiedlichkeit entsprechend assimiliert. Gefahren werden an den (Kontakt-)Grenzen zurückgewiesen, Hindernisse werden überwunden und das Assimilierbare wird ausgewählt und angeeignet. Das, was ausgewählt und assimiliert wird, ist immer neuartig; der Organismus besteht dadurch weiter, daß er das Neuartige assimiliert, zu seiner Veränderung verwendet und sich entwickelt. So ist z. B. Nahrung etwas – wie Aristoteles ausdrückte – was ungleich ist aber gleich gemacht werden kann. Und im Prozeß des Assimilierens wird auch der Organismus verändert. Primär ist Kontakt das Gewahrwerden und die Aufnahme der assimilierten Neuigkeiten, aber auch Zurückweisung der momentan nicht assimilierbaren. Was universell, immer gleich und indifferent ist, ist kein Objekt für den Kontakt.«

Philosophie

Die Gestalttherapie hat, wie andere humanistische Psychologien, ein normatives Menschenbild. Sie sagt, wie der Mensch leben soll. Sie hat einen ethischen Anspruch und stellt eine Lebensphilosophie dar. Sie will aber nicht moralisieren: Religionen oktroyieren dem Menschen ihre Glaubenssätze, ebenso wie Ideologien ihre Muß-Bestimmungen. Beides wird von Perls als Fluch bezeichnet, der den Menschen daran hindert, ein eigenverantwortliches Leben zu führen; er wird unterjocht und muß sich externen Zwängen fügen. Das will Gestalttherapie ebensowenig wie sie Wissenschaft sein will: Ein intellektuelles Manöver, in dem sich der Mensch Modelle ausdenkt und nachprüft, ob sie auf die Welt passen. Gestalttherapie zielt auf das Bewußtsein der Existenz ab ohne theoretische Konstruktionen. Das Wachstum des Menschen und seine Selbstentfaltung werden durch das Bewußtsein und die Integration der in ihm bestehenden Polaritäten und Bedürfnisse erreicht. Das bedeutet das Annehmen seines gesamten Erlebens.
Systemzwänge hat Perls nicht als übermächtig angesehen. Eher als Herausforderung, sich zu artikulieren: Mit seinen Worten (1973, S. 141): »Es ist die Idee, den ganzen Menschen unserer Zeit zum Leben zu erwecken und ihn zu lehren, wie er seine inneren Kräfte nutzen kann, um ein Führer zu sein, ohne Rebell werden, eine

Mitte zu haben und nicht Hals über Kopf zu leben ... Ich bin überzeugt, daß es möglich ist, sie (die Idee) zu erfüllen, daß wir nicht Jahre auf der Couch liegen müssen, ohne uns wesentlich zu verändern.«

Der entscheidende existentielle Grundsatz der Gestalttherapie heißt *Selbstverantwortlichkeit:* Jeder ist für sich selbst verantwortlich, für jeden seiner Teile in sich selbst, für seine Gefühle, seine Bedürfnisse – mögen sie auch schlecht sein oder sozial nicht akzeptabel. Deswegen hat der Therapeut auch keine Verpflichtung, den Klienten zu unterstützen – der Klient hilft sich dadurch selbst, daß er für alle Teile seiner Person die Verantwortung übernimmt. Der Therapeut spielt dabei die Rolle des Herausforderers, der neue Erfahrungen zugänglich macht. Er führt den Klienten aus der neurotischen Einengung und zeigt ihm Entwicklungsmöglichkeiten, wobei er die dabei auftretende Frustration niemals zu einem Vertrauensverlust werden läßt. Manches an dieser Philosophie erinnert an östliche Religionen (Zen). Die Zentrierung zwischen Polaritäten, wie sie sich auch bei C. G. Jung findet (vgl. Band 1, Kapitel 3), die Bedeutung des Bewußtseins und des daraus resultierenden Hier-und-Jetzt-Gefühls, sowie die Paradoxie der Veränderung: »Akzeptiere dich so wie du bist, dann wirst du dich verändern. Wenn du etwas anstrebst, was du nicht bist, erstickst du die Selbstentfaltung.«

Naranjo (1970) hat die lebensphilosophische Pragmatik der Gestalttherapie folgendermaßen zusammengefaßt:

1. Im Jetzt leben
2. Im Hier leben
3. Erfahrungen sammeln, statt sich etwas vorzustellen
4. Empfinden, statt sich etwas denken
5. Gefühle ausdrücken, statt andere Menschen zu manipulieren, zu werten oder sich zu rechtfertigen
6. Schmerz und unangenehmen Gefühlen ebenso nachgeben wie der Freude
7. Weder ein *Sollte* noch ein *Müßte* akzeptieren
8. Verantwortung für seine Gedanken, Gefühle und Handlungen übernehmen und
9. Sich so akzeptieren wie er ist.

Dies läßt sich in zwei Grundsätzen zusammenfassen: Vermeiden der Vermeidung (nämlich Bewußtheit) und Selbstverantwortlichkeit. Naranjo zitiert beiläufig einen Aphorismus von Goethe, der diese Lebenseinstellung ebenfalls als Norm setzt: »... der den Augenblick ergreift, der ist der rechte Mann.«

10.3 Neurose

Phänomenologie

Die Gestalttherapie geht wie die Gesprächstherapie von der Kraft der organismischen Selbstregulation aus. In jedem Menschen sind die Möglichkeiten zur Veränderung angelegt. Es geht immer nur darum, bestimmte Teile des Selbst, die dem Bewußtsein entzogen sind, wieder bewußt zu machen und dabei Grenzen zu erweitern. Die Neurose kommt durch *Entfremdung* zustande: Entfremdung einmal dadurch, daß externe Teile *introjiziert*, aber mangelhaft assimiliert werden. Sie bestimmen unser Handeln und unsere Bedürfnisse, ohne daß wir sie ganz akzeptieren, und wir sind uns ihrer daher nicht voll bewußt. Dazu gehören besonders die Ansprüche unserer Eltern an uns. Auf der anderen Seite entstehen in unserem Selbstbild Löcher dadurch, daß wir bestimmte Teile in uns nicht wahrhaben wollen, etwa aggressive Bedürfnisse, Selbstkritik, Ängste usw., wir *projizieren* sie nach außen. Jemand, der argwöhnt, daß die Leute ihn neugierig anschauen, kann sein Interesse an sich selbst nicht akzeptieren. Diese entfremdeten Teile finden sich unerkannt im körperlichen Ausdruck und in den Träumen wieder. In dem ganzheitlichen Ansatz ist daher die verbale Aussage oft von geringem Interesse. Viel entscheidender ist, was in ihr fehlt und was sich zugleich in anderen Kanälen ausdrückt (in Gestik, Mimik, Stimme, Syntax und in den Träumen).

Ein neurotisches Symptom ist die *Angst*, die, im Gegensatz zur analytischen Auffassung, bei Perls nicht Ausdruck des Konflikts mit etwas Vergangenem ist, sondern die Spannung zwischen dem, was ich jetzt bin und dem, was in der Zukunft ist. Angst wird mit Lampenfieber gleichgesetzt: man erwartet in naher Zukunft das Fiasko auf der Bühne (seines Lebens). Angst zeigt an, daß ich in der mittleren Bewußtseinsschicht (Abb. 10.1), in der Phantasie nämlich, in der Zukunft agiere und nicht im Hier und Jetzt; Angst entsteht aus dem Vergleich von dem, was ich tue und dem, was sein könnte. Das zweite wichtige neurotische Symptom ist *Schuld*, die ebenfalls anders gesehen wird als in der Psychoanalyse. Schuld ist nichts als projizierter Ärger (Ressentiment) gegen andere Personen. Dieses Ressentiment (z. B. gegen die Mutter) kann ich nicht akzeptieren und verlege es deshalb nach außen. Der Vorwurf geht an mich, obwohl ich ihn an die Mutter richten möchte. Die *Langeweile* ist für Perls ein Indikator dafür, daß etwas Unangenehmes nicht in Angriff genommen wird, daß sich davor ein Block stellt. Langeweile bildet eines der deutlichsten Anzeichen neurotischer Verspannung: die Leere, das Loch, das Nichtbewußtsein eines Bedürfnisses. Die *Frustration* schließlich wird von Perls nicht negativ gesehen, sondern als etwas Konstruktives. Frustration ist die momentane Hilflosigkeit, die darauf hindeutet, daß eine Veränderung stattfindet. Hier wird die Ansicht vertreten, daß wir nicht allein durch angenehme Lebenserfahrungen lernen, sondern vor allem durch unangenehme. Frustration ist genau das, was zur Veränderung verhilft.

Wesentlich an der neurotischen Befindlichkeit ist nach gestalttherapeutischer Vorstellung eine unökonomische Verausgabung der Energie. Obwohl das Energiekonzept in der Gestaltpsychologie selten explizit eingeführt wird, hat es eine ähnliche Bedeutung wie in der Psychoanalyse. Nur ist der unmittelbare Ausdruck der Energie nicht so sehr die Besetzung (Kathexis), sondern die Aktion des Individuums (Katharsis). Der neurotische Mensch hat seine Energie in gegensätzlichen Aktivitäten und in Intentionen investiert, die häufig körperlichen Ausdruck finden: in Steifheit, Abwehrbewegungen und dem, was die Ethologen Übersprungshandlungen nennen. Psychisch kommt die gegensätzliche Investition der Energie in polaren Einstellungen zum Ausdruck, mit denen jeder Mensch sich ständig auseinanderzusetzen hat: egoistisch zu sein und sich dessen zu schämen, aggressiv zu sein und Mitleid zu empfinden, ehrgeizig zu sein und Trägheit siegen lassen zu wollen, kontrolliert zu sein und sich gehen zu lassen, Verantwortung zu übernehmen und Schutz zu suchen usw. Diese Polaritäten können, indem sie flexibel gehandhabt werden, zu einer Synthese führen, wenn beide Einstellungen unter geeigneten Umständen ausgelebt werden.

Die neurotische Beschränkung liegt darin, daß entweder die Bedürfnisse sich ständig gegenseitig in der Schwebe halten oder aber eines überhaupt nicht zum Ausdruck kommen kann, weil es sich in einer früheren Lernphase als ungünstig erwiesen hat. Z. B. kann Selbstbehauptung in bestimmten Situationen zu so starken Sanktionen von seiten der Eltern geführt haben, daß sie vom Kind ganz aufgegeben und permanent unterdrückt wurde. Inzwischen wäre Selbstbehauptung für dieses Individuum längst ungefährlich, wenn nicht sogar vorteilhaft, doch fehlt durch Traumatisierung oder Lerndefizit das entsprechende Diskriminationsvermögen. Der energetische Aufwand, der vielleicht einmal strategisch sehr sinnvoll war, ist nun anachronistisch und wird unnütz getrieben. Er macht sich dadurch bemerkbar, daß nicht genügend Energie für das augenblickliche Leben frei verfügbar ist. Das wirkt sich, nach Wallen (1970), in folgenden Symptomen aus: in weniger *Sponta-*

neität, Gefühlsklarheit und *Kontaktintensität.* Die festgefahrenen Polaritäten werden in der Gestalttherapie immer wieder in Dialogform artikuliert und auf diese Weise in der Hoffnung auf eine Synthese in Bewegung gebracht.

Abwehr und Widerstand

Für die Entstehung der neurotischen Fehlhaltung, die zu einer unzweckmäßigen Verausgabung von Energie führt, macht die Gestalttherapie eine Reihe von Mechanismen verantwortlich, die z. T. mit den klassischen Abwehrmechanismen der Psychoanalyse übereinstimmen.

1. *Introjektion:* Dies ist der Mechanismus, der Lernerfahrungen in unreflektierter Form ermöglicht und besonders in der frühen Kindheit wirksam ist. Das Kind lernt die Sprache und den Dialekt der Eltern, die Art, sich zu bewegen und zu beurteilen, Verhaltensnormen, Maßregeln und Idole. Perls hat diesen Mechanismus mit dem Vorgang der Nahrungsaufnahme in Verbindung gebracht (»Ich, Hunger und Aggression«, 1969). Der Akt der Nahrungsaufnahme ist mit Aggression verbunden – so sieht es jedenfalls Perls-, in dem hier etwas zerstört werden muß, bevor es dem Organismus genehm ist. Diese Interpretation des Eßvorgangs scheint fragwürdig, da das physiologische Erregungsmuster vom Essen und von Aggression im Sinne von Angriff verschieden ist. In jedem Fall wird die Nahrung bzw. das Umweltangebot in eine Form gebracht, die für den Organismus assimilierbar ist. Dann ist es für das Individuum akzeptierbar und steht nicht im Widerspruch zum schon vorhandenen Verhaltensrepertoire. Introjektionen dagegen sind Inhalte, die nicht in die für den Organismus passende Form gebracht wurden. Introjektionen finden sich besonders leicht in Träumen und lassen sich dort aufgreifen.

2. *Projektion:* Aspekte der eigenen Person, die nicht akzeptiert werden, die unbewußt bleiben (zur Schattenseite des Individuums gehören, wie Jung sagen würde), beschäftigen die betreffende Person dennoch (z. B. in ihren Träumen). Im Alltag nimmt sie diese Anteile selektiv in anderen Personen und der Umwelt wahr, d. h. sie projiziert sie dahin: die Trostlosigkeit der Landschaft (anstelle der eigenen Trostlosigkeit, die Bedrohlichkeit des anderen anstelle der eigenen Aggression usw.).

3. *Retroflektion:* Personen, die in ihren frühen Kontakterfahrungen enttäuscht wurden, so daß sie wenig Vertrauen und Selbstsicherheit entwikkelt haben, wenden Impulse gegen sich selbst, die eigentlich nach außen gerichtet sind. Ich raufe mir die Haare, ich schlage mir im Zorn auf den Kontrahenten gegen die eigene Brust. Menschen streicheln sich selbst, sie reden mit sich selbst usw. Häufig werden Handlungen in ihrer ursprünglichen Richtung durch die Innervation der Antagonisten gebremst, so daß der Arm zum Schlag bereit ist, aber durch die entgegen-

wirkenden Muskeln in ruhiger Lage gehalten wird. Dadurch kommt es zu habituellen Hypertrophien und Muskelkontrakturen (wie bei isometrischen Übungen), die sich in Verspannungen äußern: zusammengebissene Zähne, hochgezogene Schultern, zusammengekniffene Gesäßmuskeln, Steifheit des Beckens usw.

4. *Konfluenz:* Wenn die Angst vor Verlust besonders ausgeprägt ist und sich festgesetzt hat, dann neigt das Individuum dazu, den Kontakt mit der Umwelt ungebührlich lang und unkritisch zu gestalten. Das Individuum grenzt sich gegen seine Umwelt nicht mehr ab; damit werden die Grenzen der eigenen Identität fließend. Es entsteht zwar das angenehme Gefühl, geborgen und sicher zu sein, weil wir uns mit unserem Gegenüber einig fühlen. Die Verbindung wird aber nach einer Weile unerträglich, weil die Kontaktintensität abgenommen hat, ohne daß wir die Fähigkeit haben, uns zu lösen.
5. *Deflektion:* Dieser Mechanismus dient dazu, den Kontakt mit der Umwelt zu vermeiden, weil er zu gefährlich ist. Menschen können Menschen nicht anschauen, legen einen abweisenden Gesichtsausdruck an oder verhindern durch sprachliche Manierismen wie Weitschweifigkeit, Widersprüchlichkeit, »ja aber« usw. die Auseinandersetzung mit der Umwelt oder schwächen sie ab.

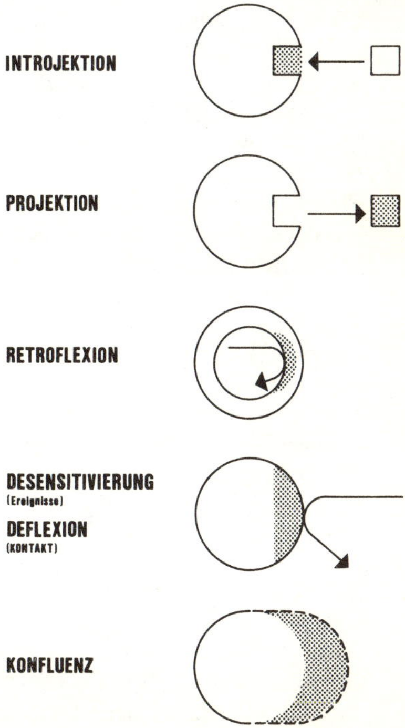

Abb. 10.3: Abwehrmechanismen in der Gestalttherapie. Gerasterte Flächen stellen problematische Felder des Bewußtseins dar

6. *Desensitivierung:* Unter diesem Mechanismus versteht Perls eine gewisse Abstumpfung. Wir werden unempfindlich für unsere Umwelt, wir sehen sie nicht mehr differenziert und farbig, sondern eingeengt. Wir sehen manche Dinge überhaupt nicht und entwickeln »so blinde Flekken«, die sich in tatsächlicher Kurzsichtigkeit, Weitsichtigkeit ausdrükken können (Rosanes, 1970). Die Abstumpfung betrifft auch Gefühle und Schmerzen. Der Mensch setzt sich dann ungeschützt schädlichen Situationen aus (Überarbeitung, Alkohol, Drogen), ohne sich gegen die Zerstörung zu wehren.

Neurotische Lebensformen

All diese Abwehrmaßnahmen führen zu einer Entfremdung des Organismus von seinen Bedürfnissen und von der Umwelt. Teile von uns selbst werden abgespalten, Teile der Umwelt werden ausgeblendet. Die so definierte Neurose hat nach Perls fünf Phasen abnehmender Entfremdung, die jedoch nicht genau voneinander abgesetzt sind und in der Therapie in angegebener Reihenfolge durchlaufen werden.

1. *Klischee*-Phase: Das Individuum in völliger Entfremdung macht auf seine Umwelt einen unechten, unpersönlichen Eindruck, spielt lediglich Spiele, gibt Floskeln von sich und ist zu keinem intensiven Kontakt fähig.
2. *Rollen*-Phase: In Erkenntnis der Oberflächlichkeit eines solchen Daseins tendiert dieser Mensch dazu, alle gefährlichen Bedürfnisse und Inhalte zu vermeiden und lediglich sichere und sozial akzeptierte Rollen zu leben. Wir erkennen, daß wir Bedürfnisse haben, aber akzeptieren sie nicht, verstecken uns hinter Normen und vermeiden im Extremfall fast phobisch unsere spontane Lebenslust.
3. *Blockade* (Engpaß): Wer diese Phobie, diese Widerstände gegen seine Bedürfnisse überwindet und sich von den Rollen befreit, steht gewissermaßen im luftleeren Raum, abgeschnitten von jeglicher Unterstützung und wie gelähmt. Perls vergleicht diesen Zustand mit dem des abgenabelten Kindes, das zunächst ohne Versorgung ist und Atemnot erleidet. Subjektiv erleben wir eine Leere oder, im Extremfall, das Gefühl, innerlich tot zu sein.
4. *Implosive* Phase: An diesem Engpaß beginnt die eigentliche therapeutische Arbeit. Der Mensch lebt zunächst häufig nach einem selbst erarbeiteten Konzept, einem Programm. Er ist nicht außen orientiert wie in der Rollenphase, sondern verzehrt seine Energie daran, nach innen gewendet dieses Konzept zu

realisieren, ohne sich an den aktuellen Gegebenheiten der Umwelt und seinen momentanen Bedürfnissen orientieren zu können.

5. *Explosive* Phase: Der gesunde Mensch lebt gemäß seiner Bedürfnisse, soweit es die Situation erlaubt, im Extremfall wie hysterisch. Er bleibt sich seiner Bedürfnisse stets bewußt; sie suchen keinen zum Bewußtsein konträren Ausdruck im Körper. Diese Explosion der Bedürfnisse und Emotionen hat mindestens vier Formen: Trauer, Freude, Ärger und Orgasmus. Die Tönung dieser Emotionen ist nach Perls teils durch die dabei ausgeschütteten Hormone, teils durch den Umweltkontext bestimmt. Andere Emotionen, wie Angst, Aggression, Schuld, Langeweile u.a. haben, wie oben beschrieben, eine andere Qualität, sind Ausdruck von neurotischen Haltungen.

Diese Phasen oder Existenzweisen, wie sie von Perls geschildert werden, sind in verschiedenen Literaturquellen nicht immer gleich voneinander abgegrenzt worden. Die Rollen- und die Klischeephase scheinen sich ähnlich zu sein; die implosive und die Blockadephase ebenfalls. Man kann, in Abweichung von der Gestalttherapie, sie als phänomenologische Beschreibungen bestimmter Lebensstile auffassen, die nicht unbedingt aufeinander folgen müssen und zwischen denen auch ein Hin- und Herpendeln oder sogar ein Nebeneinanderbestehen denkbar wäre. Z.B. kann man sich vorstellen, daß ein Ehepaar in gegenseitiger Unkenntnis und Angst, die eigenen gegenseitigen Bedürfnisse zu akzeptieren, in einer Art Leere lebt, die man als Blockade bezeichnen könnte. Beide Partner können jedoch in getrennten Kontakten mit anderen Bekannten durchaus explosiv leben. Oder jemand könnte beruflich stark ein Konzept zu verwirklichen suchen, also in der implosiven Phase eingeordnet werden und gesellschaftlich »explosiv« bedürfnisorientiert leben.

Die beschriebenen Phasen der Metamorphose der Existenz lassen sich auch als

unreflektiert
rollengeleitet
blockiert (Verlust der Außen- oder Traditionsleitung)
innengeleitet und
spontan

bezeichnen.

In der Therapie wird das Individuum in der Phase aufgespürt, in der es sich befindet, und es werden ihm Möglichkeiten eröffnet, die nächsten Lebensformen zu durchlaufen.

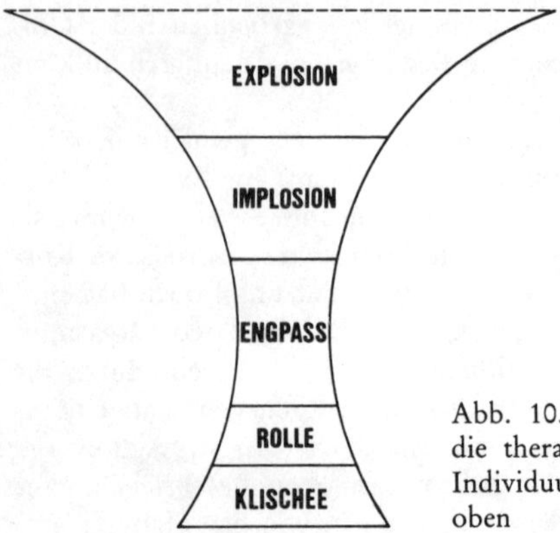

Abb. 10.2: Lebensstile nach Perls: die therapeutische Entwicklung des Individuums verläuft von unten nach oben

10.4 Therapie

Ziele und Regeln

Ziel der Therapie ist die Aufhebung der Entfremdung durch Integration abgespaltener Teile. Es soll die Person als Gestalt vervollständigt werden. Dabei baut der Therapeut auf die Kraft der organismischen Selbstregulation. Er dient als Katalysator, als Resonanzkörper für das, was beim Klienten schon vorhanden ist. Er benutzt die Rückmeldung, ähnlich wie in der Gesprächstherapie, nur, daß er sich nicht auf die verbale Ebene beschränkt, sondern sich verstärkt auf die Aussparungen der verbalen Ebene und den körperlichen Ausdruck konzentriert.

Es werden drei übergeordnete *Ziele* angestrebt:

1. Bewußtheit der Bedürfnisse und dafür relevanter Umweltgegebenheiten: *Bewußtseinskontinuum*.
2. *Selbstverantwortung:* Ich akzeptiere alle Teile von mir und übernehme dafür die Verantwortung.
3. Einheitliches *Erleben* von Körper und Psyche.

Zwei dieser Ziele stimmen mit den schon genannten Lebensgrundsätzen überein. Das dritte, die psychosomatische Einheit, ist für die Therapiesituation von Bedeutung, da es den Zugang zum Klienten und seiner Störung erleichtert.

Mit der psychosomatischen Einheit hängt auch das erste Ziel, das der Bewußtheit, zusammen, weil es die Lücke zwischen Körper und Psyche schließt. Das Bewußtsein kann sich auf Empfindung oder Ausdruck beziehen, z. B. sensorisch:

Th.: »Was starren Sie an?«
K. : »Das Tonband.«
Th.: »Was macht es?«
K. : »Es dreht sich.«
Th.: »Was dreht sich noch?«
K. : »Wir drehen uns im Kreis.«

Ein Beispiel, wie motorische Reaktionen ins Bewußtsein gehoben werden, gibt folgender Dialog mit einem Mann, der in einer Gruppe nervös mit dem Finger auf den Tisch tippt, während eine Frau erzählt.

Th.: »Sie tippen mit dem Finger – möchten Sie etwas sagen?«
K. : »Nein.«
Th.: »Tippen Sie etwas stärker, übertreiben Sie die Bewegung.«
K. : Klopft und hämmert auf den Tisch.
K. : (ärgerlich) »Sie redet genau denselben Quatsch wie meine Frau.«

Im ersteren Fall wurde das Bewußtsein des Klienten auf das gelenkt, was er sieht und was es für ihn bedeutet. Im zweiten Fall wird das Bewußtsein des Klienten auf das gelenkt, was er tut und was es für ihn bedeutet.
Mit der Selbstverantwortung verlegt der Klient die Unterstützung, die er sich oft von außen durch Manipulation seiner Umwelt holt, indem er Rollen lebt und Klischees äußert oder versucht, Programme zu realisieren und sich so die Genehmigung für sein Verhalten von äußeren Instanzen erbittet, nach innen: ich bin es, der mir die Erlaubnis gibt, so zu leben, wie ich möchte. Aus dieser existenzialistischen Grundposition resultieren einige *Prinzipien* für die Durchführung der Therapie:

Einige Prinzipien der Gestalttherapie

1. Die Kraft der *Selbstregulation* ist so groß, daß man den Klienten zu nichts zwingen muß. Das kommt in der von Perls stammenden Maxime: »Don't push the river, it flows by itself« zum Ausdruck. Der Gestalttherapeut beschäftigt sich mit dem Offensichtlichen, muß nicht lange nach versteckten Dingen bohren. Es liegt alles auf der Hand, entweder in den Träumen, im körperlichen Ausdruck, in der Art, wie formuliert wird, oder in dem, was in der verbalen Kommunikation weggelassen wird. Man braucht nur auf diese Dinge aufmerksam zu achten und sie aufzugreifen. Der Klient kann unter Anleitung des Therapeuten die Veränderung selbst bewirken.

2. *Erfahrung* und Erlebnisaktivierung sind wichtiger als Nachdenken und Spekulieren über Symptome und deren Bedeutung. Es gibt zwei Arten des Lernens: die erste ist, Erklärungen zu finden. Dies hilft uns aber existentiell nicht weiter, sondern ist ein intellektuelles Spiel. Die zweite Art des Lernens ist, die Lösung selbst zu erfahren – dadurch können wir uns verändern.
3. Das *Paradox der Veränderung*, sich selbst so zu akzeptieren, wie man ist, um sich dann zu verändern, wurde schon weiter oben erläutert. Es handelt sich dabei nicht so sehr um einen Widerspruch in sich selbst, als um eine Unterscheidung zwischen der Bewertung der Person und der Bewertung ihres Verhaltens. Bewertet der Klient seine Person negativ, dann fehlt ihm der Mut zur Veränderung einzelner Verhaltensweisen. Daher muß er zuerst lernen, sich neutral oder positiv zu sehen, um sich von den neurotischen Aspekten seines Verhaltens lösen zu können.
4. Der *Prozeß* des Denkens und Handelns ist wichtiger als die Einordnung des Patienten in fixe Kategorien. Das »Wie« ist von Interesse, nicht das »Warum«. Die Gestalttherapie vermeidet programmatisch diagnostische Etiketten, weil sie wertend sind und dem Klienten dadurch Gelegenheit gegeben wird, die Verantwortung von sich selbst abzuwälzen und nach außen zu verlegen.

Aus dem Ziel der Selbstverantwortung leitet sich die wichtigste Gestalttechnik her: der Dialog der Person mit sich selbst. In diesem Dialog reden weder der Therapeut noch der Klient *über* dessen Probleme, sondern er übernimmt in Rollenspielen verschiedene Teile seines Selbst und läßt sie miteinander argumentieren. Dadurch werden widerstreitende Positionen erkennbar und nehmen eine präzisere Gestalt an; zugleich werden sie bewußt akzeptiert. Durch einen solchen Dialog wird dem Klienten klar, daß polare Tendenzen in ihm, die sich gegenseitig behindern, jeweils positive Ressourcen darstellen, deren Integration in diesem Dialog erreicht werden kann.

Für die Interaktion von Klient und Therapeut werden viele *Regeln* genannt, die sich auf die genannten Prinzipien zurückführen lassen. Eine Zusammenstellung von Regeln findet sich bei Levitzky & Perls (1970).

Perls unterscheidet drei Arten von Geschwätz, das er in der Therapie vermeiden möchte: Floskeln wie »Wie geht es, hallo, schöne Grüße, schönes Wetter«, dann Rechtfertigungen und Erklärungen, Rationalisierungen, und schließlich Philosophien, ideologische Überbauten. Alle drei Typen des Gesprächs sind therapeutisch unergiebig, weil sie die Auseinandersetzung des Klienten mit sich selbst behindern, sein Vermeidungsverhalten fördern.

Der »leere Stuhl«

Perls selbst hat seine Gestalttherapiesitzungen typischerweise vor einem großen Publikum abgehalten. Er nannte es Gruppentherapie, sagte aber selbst, daß es sich um Einzeltherapie vor der Gruppe handle. Die Gruppe wird nur gelegentlich gewissermaßen als Chor verwendet, indem der Klient an bestimmten Stellen des Therapieprozesses Erfahrungen mit einer Reihe von Einzelpersonen aus der Gruppe wiederholt.

Für das Therapiegespräch benutzt der Therapeut häufig folgendes Arrangement: vor ihm befinden sich zwei Stühle. Der eine, in den sich der Klient setzt, heißt auch »heißer Stuhl«, weil die Begegnung mit dem Therapeuten meist in eine Konfrontation mündet, die für den Klienten zunächst nicht sehr angenehm ist. Wie beschrieben, ist nach Auffassung der Gestalttherapie die Frustration notwendig, um der Person einen Anstoß zu geben, ihre (selbst gesetzten) Grenzen zu überschreiten. Neben dem »heißen Stuhl« steht ein leerer Stuhl, in den der Klient überwechselt, wenn er im Dialog mit Teilen seines Selbst oder nicht anwesenden Personen eine andere Rolle übernimmt. Folgender geraffter Ausschnitt aus einem Klientengespräch (Perls, 1974) mag dieses Vorgehen verdeutlichen (T = Perls, X = Klient im »heißen Stuhl«, X' = Klient im anderen Stuhl):

X spielt mit den Händen.

T : »Was machen Ihre Hände?«

X : »Sie spielen miteinander« – nach einer Weile: »Daumen und Zeigefinger bilden zusammen Löcher, sehen aus wie Augen.«

T : »Können Sie jetzt die Augen spielen? Schauen Sie ins Publikum. Haben Sie Augen oder hat das Publikum Augen? Haben Sie das Gefühl, daß die Leute Sie anschauen oder daß Sie mit den eigenen Augen etwas sehen können?«

X : »Ich sehe umher, ich sehe nichts Richtiges, ich schaue mich nur um, jetzt sehe ich meine Frau, die schaut mich neugierig an.«

T : »Gut, jetzt spiele die Augen aus dem Publikum: ›Ich bin ein bißchen neugierig usw.‹«

X' : »Ich bin neugierig und Sie sind mir ziemlich egal. Eigentlich warte ich darauf, daß ich drankomme. Es ist zwar ganz interessant, Ihnen zuzuschauen, aber Sie sehen nicht so aus, als ob Sie viel rauslassen würden. Ich glaube, Sie können nicht anders.«

T : »Wechseln Sie den Sitz.«

X : »Das finde ich aber nicht nett, was Sie sagen. Sie sind nicht auf meiner Seite« (gemeint ist das Publikum).

X' : (ungeduldig) – »Mach zu, du brauchst eine Menge Zeit – es passiert nichts. Ich bin Nummer 20 und will auch noch drankommen – wie lange wirst du noch da oben sitzen?«

X : »Beruhige dich.«

T : »Sagen Sie das noch mal.«

X : »Beruhige dich.«

T : »Lauter.«

X : »Beruhige dich« (wiederholt sich noch ein paar Mal, bis er ganz laut geworden ist).

Nach diesem Intermezzo bittet ihn der Therapeut, wieder ins Publikum zu schauen und zu berichten, was er sieht. Er sieht mehr als vorher: interessierte, freundliche, aufmerksame Blicke. Auch lächelnde Gesichter; auch Farben, Lichter usw.

Der Therapeut hat hier den Klienten sich mit den Augen aus dem Publikum unterhalten lassen. Diese Augen repräsentieren seine moralische Aufforderung: »Mach zu, du bist es nicht wert, die Aufmerksamkeit so lange zu beanspruchen.« Diese Selbstentwertung wird nach außen ins Publikum projiziert. Er selbst sieht außer dieser Erwartung nichts, was vom Publikum kommt; nur das, was seine eigene Befürchtung ist. Durch den Dialog zwischen sich und den ihn anstarrenden Augen wird dem Klienten klarer bewußt, was seine Bedürfnisse sind: der Wunsch, etwas wert zu sein (im Therapiestuhl sitzen zu bleiben), aber auch die Tendenz, sich selbst abzuwerten. Im Dialog wird der Selbstwert so stark, daß er die Abwertung besiegt. In der Folge sieht der Klient dann nicht nur mehr die abwertenden Augen der anderen. Diese hat er als Projektion erkannt und als einen Teil von sich selbst zurückgenommen. Dafür kann er jetzt andere Dinge sehen: nämlich freundliche Gesichter, Farben und anderes mehr. Seine Sicht ist nicht mehr so selektiv, sie wird differenzierter. In diesem Gesprächsausschnitt kommen eine Reihe von gestalttherapeutischen Techniken zur Anwendung. Einmal die Verwendung des körperlichen Ausdrucks (die Hände). Dann die Übernahme von Projektionen als eigene Meinung (die Augen). Weiter die Entwicklung der gegensätzlichen Positionen in Dialogform. Und schließlich das Mittel der Wiederholung, um auszuloten, wie stark die darin liegende Position ist (»Beruhige dich«).

Um die nichtverbalen Signale des Klienten deutlicher zu machen und ihm selbst vor Augen zu führen, bittet der Therapeut häufig, kleine, unbedeutende Bewegungen zu wiederholen und stärker auszuführen; ebenso, wie er in dem vorangegangenen Gespräch einen einzelnen Satz (»Beruhige dich«) verstärkt hat *(Amplifikation)*. In einem Fall berichtet Perls von einem Stotterer, den er bat, noch stärker zu stottern. Nachdem dieser sein Stottern verstärkt hatte, fragte er ihn, was er in seiner Kehle empfinde. Der Klient: »Es schüttelt mich.« Der Therapeut hielt ihm darauf seinen Arm hin und sagte, daß er ihn schütteln solle; d.h. der Klient soll die Verantwortung für das Schütteln übernehmen (nicht *Es*, sondern *Ich*). Er soll außerdem die Retroflexion auflösen: er soll das, was er sich antun will, anderen antun. Dabei geriet der Klient heftig in Wallung und sagte, er könne den Therapeuten umbringen. Dies sagte er ohne Stottern. Perls interpretiert nun das Stottern als Ergebnis einer existentiellen Entscheidung: entweder Aggression äußern oder stottern. Man kann das Stottern hier auch als gestörtes Zusammenspiel von Antagonisten betrachten: Aussprache und Sprechhemmung. Vielleicht sollte Aggressives geäußert werden. Auch mit Stottern kann man jemanden quälen. Der Klient hat in diesem Experiment seine Aggression erkannt und zugelassen. Damit hat er eine Bedürfnisgestalt geschlossen und zugleich beseitigt (ob das Stottern damit nachhaltig geheilt wurde, wird nicht berichtet).

Derartige Darstellungen werden oft als Abreaktionen mißverstanden. Damit hätten sie eine vorübergehende entlastende Funktion. Das ist aber nicht ihr Sinn. Vielmehr stellt der Klient einen entfremdeten Teil dar und nimmt ihn dadurch wieder an. Der Stotterer wird sich z.B. der Aggression bewußt und kann beginnen, für sie adäquatere Ausdrucksformen zu finden. Eine andere Person, die Schwierigkeiten hat, sich das Bedürfnis nach Geborgenheit einzugestehen, könnte der Therapeut an geeigneter Stelle auffordern, sich von anderen halten zu lassen. Der Unterschied zu einer bloß gedanklichen Erkenntnis eines Defizits liegt in der körperlichen Erfahrung. Es ist nicht nur, daß etwas zugelassen wird, das vielleicht in mehr oder weniger klarer Form dem Klienten schon bekannt war. Die Übung muß durch die Entwicklung des Themas so vorbereitet werden, daß ein mit dem Experiment kongruentes Bedürfnis vorliegt. Dieses Bedürfnis wird sowohl zugestanden und sprachlich formuliert als auch in Handlung und Erfahrung umgesetzt. Beliebige »Gestalt-Übungen«, wie sie z.B.

von Stevens (1980) beschrieben werden, routinemäßig durchzuführen wird daher selten sehr gewinnbringend sein. Entscheidend ist die Vorbereitung des Klienten im Sinne einer Kontaktepisode (s. S. 58). Trotzdem können solche Sammlungen Anregungen geben, setzen aber die individuelle Thematisierung voraus.
In der Therapie können auch Teile der Person dargestellt werden, die die Endpunkte einer für sie wichtigen Polarität bilden. Eine Klientin war z. B. eine tüchtige Frau in ihrem Beruf, hatte aber Angst, arrogant zu wirken und damit die Männer zu verschrecken. Nachdem sie im Dialog mit sich selbst ihre Arroganz und ihre Bescheidenheit herausgearbeitet hatte, ließ sie der Therapeut arrogantes Auftreten spielen. Es machte ihr sichtlich Spaß, und es wurde deutlich, daß sie dabei durchaus humorvoll wirkte und ihre Überlegenheit für die Anwesenden auf akzeptable Weise zur Schau trug. Sie hatte so einen verschmähten Teil von sich artikuliert und assimiliert. Häufig wirken Darstellungen dieser Art zunächst unangemessen und wenig harmonisch. Das entspricht der undifferenzierten und ungeübten Art, in der sich nach C. G. Jung die minderwertige Funktion äußert, die durch den Archetyp des Schattens repräsentiert wird, wenn ihm dazu Gelegenheit gegeben wird. Der Therapeut sollte hier Geduld haben. Nach Polster & Polster (1975) entwickelt sich der Ausdruck von Bedürfnissen schrittweise in mehr und mehr angemessene Form:
Blockade: zunächst sind die Bedürfnisse unerkannt;
Hemmung: dann werden sie erkannt, aber nicht akzeptiert;
Exhibitionismus: sind sie akzeptiert, so drängen sie zu uneingeschränktem Ausdruck;
Spontaneität: später können sie situationsgerecht artikuliert werden.
Praktische Übungen werden in der Gestalttherapie häufig zur Aktualisierung unerledigter Situationen aus der Vergangenheit und der Gegenwart verwendet. Polster & Polster (1975) beschreiben eine Klientin, die in ihrer Jugend ihren Brüdern körperlich stets unterlegen war und damals durch Teilnahmslosigkeit bewirkt hatte, daß sie von ihr abließen. Diese Teilnahmslosigkeit war zu einem generellen Charakteristikum ihrer Person geworden. In einem Ringkampf drängt der Therapeut die Klientin dazu, diesmal nicht teilnahmlos zu reagieren und belebt dadurch in ihr eine vitalere Art der Auseinandersetzung. Es geht daher nicht nur um eine bloße Kopie der unerledigten Situation, damit darüber geredet werden kann. Der Therapeut versucht vielmehr, die Situation so zu lenken, daß der Klient an sich neue Möglichkeiten entdeckt.

Phantasie-Übungen

Eine andere Art der aktiven Auseinandersetzung mit sich selbst sind Übungen, in denen der Klient mit abwesenden oder verstorbenen Personen spricht. In solchen Dialogen artikuliert er nicht nur sich selbst, sondern auch den problematischen Interaktionspartner. Häufig handelt es sich dabei um die Wiederbelebung einer unabgeschlossen gebliebenen Beziehung zu den Eltern, einem früheren Partner u. a. Dabei wird dann Versäumtes nachgeholt: Aggression gegen Eltern, Trauer um verstorbene Verwandte, vermißte Zärtlichkeit. Solche Gefühle werden in der geschützten Therapieatmosphäre dann zum ersten Mal zugelassen und als ungefährlich erlebt.

Ein Klient beklagte sich über das Verhältnis zu seiner Mutter. Er war sich bewußt, daß er nicht einmal ihren Tod beweinen würde. Trotzdem hatte er eine tiefe Sehnsucht nach einer besseren Beziehung zu ihr. Der Therapeut ließ ihn einen Dialog mit der Mutter spielen. Dabei wurde deutlich, daß sich beide nichts zu sagen hatten. Die Unterhaltung wirkte tatsächlich tot. Nachdem die Ausweglosigkeit der Situation hinreichend klar geworden war, fragte der Therapeut, wie der Klient sich fühle. »Wie ein Eisblock, aus dem ich heraus möchte.« Daran anknüpfend, schlägt der Therapeut einen Dialog zwischen Eisblock und Klienten vor. Hierin stehen sich der schützende, unangreifbare und feste Charakter des Eisblocks und das Bedürfnis nach mehr Wärme in der Beziehung zur Mutter gegenüber. Am Wendepunkt des Dialogs wird klar, daß die eigene Kälte vermutlich damit zusammenhängt, daß der Klient wenig bedingungslose Zuwendung von der Mutter empfunden hat. Gelingt es dem Therapeuten, in einem solchen Moment seinerseits auf passende Weise bedingungslose Zuwendung zu zeigen, so kann das für den Klienten zu einer bewegenden Erfahrung werden, die ihm seinen Mangel noch deutlicher vor Augen führt – zugleich aber auch zeigt, daß es nicht unmöglich ist, gegenteilige Erfahrungen zu machen.
In dem beschriebenen Fall wandelte sich das Bedürfnis nach Zärtlichkeit in Empörung gegen die Eltern, die in dem erneut aufgegriffenen Dialog zwischen Mutter und Klient zur Sprache gebracht wird. Dadurch erhält das Gespräch eine ganz andere Richtung: es wird lebendig, indem sowohl Zorn als aber auch Humor zum Ausdruck kommen. Der Klient berichtete später, daß er seiner Mutter gegenüber spontan nett und liebevoll sein konnte und sich sein Verhältnis zu ihr dadurch spürbar gebessert habe.

Häufig tragen solche Szenen darüber hinaus den Charakter von Probehandlungen. Etwa wird z. B. einem Menschen deutlich, daß er niemals jemanden um etwas bittet. Dieses Bitten kann in der Therapie nicht nur in der Phantasie, sondern auch mit einzelnen Gruppenmitgliedern tatsächlich geübt werden. Gewöhnlich ist es dann erforderlich, in Form von Hausaufgaben eine adäquate Form der Umsetzung ins tägliche Leben zu erarbeiten.

Reizüberflutung

In den vorangegangenen Beispielen wurden weitere gestalttherapeutische Techniken herangezogen. Es geht um die Darstellung von Wünschen und das Zulassen von Phantasien. Dabei wird einmal ein Defizit im Verhalten oder in einer Beziehung genau angesehen. Außerdem gestattet sich der Klient Regungen, die unerträglich schienen: den Eltern gegenüber aggressiv sein, in der Depression versinken oder Angst zur Schau stellen. Es wird die sonst leicht geübte Vermeidung verhindert, die Dinge werden zu Ende gedacht. Der Klient durchlebt das Unsagbare und stellt dann fest, daß es zwar unangenehm, aber nicht unerträglich ist. Diese Erfahrung entspricht dem, was man verhaltenstherapeutisch mit Angstkonfrontation (Marks, 1978) oder mit Trauerarbeit (Ramsay, 1979) anstrebt: Überflutung mit dem Unangenehmen und Beseitigung der Erwartungsangst. Dies hat auch Frankl (1978) mit der paradoxen Intention im Sinn gehabt (vgl. Band 2, Kapitel 7): den Kreis von Erwartungsangst und Vermeidung durchtrennen.
Häufig findet der Klient im Augenblick des Durchlebens einer starken Erregung einen Zusammenhang mit früheren unabgeschlossenen Erlebnissen.

Eine Klientin berichtet mit schwächer werdender Stimme, wie hilflos und nichtig sie sich fühlt, wenn ihr Mann sie kritisiert. Der Therapeut bittet sie, die Hilflosigkeit zu beschreiben und ihr nicht auszuweichen. Sie äußert
Kl: »Ich bin klein – nichts wert.«
Th: »Was brauchen Sie?«
Kl: »Hilfe, Schutz.«
Th: »Wer kann sie Ihnen geben?«
Kl: »Mein Mann.«
Th: »Sagen Sie es ihm.«
(Sie tut es in einer Phantasieübung.)
»Wie fühlen Sie sich dabei?«
Kl: »Sicher.« (weint)
Th: »Was macht Sie traurig?«
Kl: »Es erinnert mich an meinen Onkel, der mir das geben konnte, für den ich aber nichts bedeutete.«
Th: »Was haben Sie bei Ihrem Onkel gesucht?«
Kl: »Sicherheit, die ich bei meinem Vater nicht hatte, weil er brutal war und ich ihn verachtet habe.«

Die Klientin findet sich in einer depressiven Stimmung, die durch das Verhalten ihres Mannes ausgelöst wurde, aber auf ein unerfülltes Bedürfnis bezüglich des Onkels und des Vaters zurückgeht. Die Depression wird dadurch nicht mehr hilflos, sondern als erklärlich erlebt. Die Sitzung wird mit der Artikulation der Wünsche fortgesetzt, die sich auf den Mann beziehen und nicht eigentlich auf den Vater. Am Ende ist die Klientin nachdenklich, aber gefestigt. Sie weiß, sie hat etwas nicht bekommen und kann es in der Ehe nicht nachholen. Sie sieht die Beziehung differenzierter und schiebt ihrem Mann nicht mehr die Schuld an ihrer Mißstimmung zu.

Träume

In der Gestalttherapie werden Träume in besonderer Weise verwendet. Sie enthalten nach Perls Auffassung existentielle Botschaften, Ratschläge einer Person an sich selbst, die sie aber nicht ohne weiteres erkennt. Alle Teile in einem Traum, leblos oder lebendig, sind abgespaltene, entfremdete Teilpsychen, oft Wünsche, Bedürfnisse und Befürchtungen. Dies entspricht der Jungschen Auffassung vom Traum (s. Band 1, Kapitel 3), jedoch wird selten eine Deutung des ganzen Traumes als zusammenhängender Geschichte vorgenommen. Folgender Traum, in verkürzter Form, mag dies verdeutlichen (Perls 1974, S. 86):

Eine Frau im Klimakterium träumt von einem See in der Wüste, der langsam austrocknet. Auf dem Boden des Sees findet sich ein altes Nummernschild, das nicht mehr gültig ist. Zuerst übernimmt die Klientin die Rolle des Nummernschildes: »Ich bin überholt, ich bin nichts mehr wert, kann einem Auto keine Genehmigung zum Fahren geben. Ein altes Nummernschild.« Danach soll sie eine Zeitlang die Rolle des Sees spielen. »Ich bin ein See, ich trockne aus, ich verschwinde. Die Erde saugt mich auf (Zeichen der Überraschung). Sterben ... Wenn ich in die Erde einsinke, dann werde ich ein Teil der Erde und vielleicht kann ich damit die Umgebung bewässern. In dem ehemaligen See können Blumen wachsen (seufzt). Neues Leben entsteht ... durch mich (weint).«

T: »Haben Sie die existentielle Botschaft erhalten?«

X: »Ja, ich kann ja noch malen. Ich kann zwar keine Kinder mehr bekommen, aber ich kann kreativ sein und auf andere Weise Leben geben, indem ich begieße und füttere usw.«

Perls sieht in diesem Fall in den Trauminhalten Metaphern der verschiedenen Phasen der Entfremdung: der Artefakt, nämlich das Nummernschild, stellt die völlige Entfremdung dar. Darunter findet sich die Todesschicht (Engpaß): der austrocknende See. Darunter findet sich die Fruchtbarkeit, der bewässerte Boden, der zugleich Leben bedeutet (explosive Phase).
Nicht immer enthält der Traum schon die Lösung für ein Problem

oder einen deutlichen Hinweis darauf. Vielmehr handelt es sich oft um eine Situationsbeschreibung im Jungschen Sinne.

Im Traum einer anderen Klientin wird zunächst die Lebenssituation der Träumerin beleuchtet, aus der schon ein gewisser Mißstand deutlich wird, nämlich der, daß alle von ihr Hilfe erwarten, was sie stark fordert. Der weitere Dialog aktiviert diesen Mißstand, nämlich ihre Unfähigkeit, Hilfe zu erbitten, soweit, daß er von der Träumerin nicht länger als Stärke verkannt wird, und sie sich das Bedürfnis, von außen Hilfe zu erhalten, eingesteht. Es liegt jetzt bei der Träumerin, diesen Hinweis aufzugreifen und sich in einer angemessenen Ausdrucksform darin zu üben. Hier werden weitere Techniken deutlich, die im Sinne der Erlebnisaktivierung wirken. Trauminhalte werden als Projektionen aufgefaßt, die der Klient zu spielen aufgefordert wird. Sie bilden Verhaltensmöglichkeiten und Umstrukturierungen wie auch Bedürfnisse des Träumers ab. Die Umkehr des typischen Verhaltens der zweiten Träumerin, nämlich Stärke, zeigt ihre Unfähigkeit, Schwäche zu zeigen, so daß sie sich damit ständig unter Streß bringt. Auch wird wieder ein Rollenspiel inszeniert, um herauszubringen, was an Impulsen im Klienten spürbar wird.

Fassen wir die in den vorangehenden Abschnitten genannten Übungen zusammen, so ergibt sich als Wichtigstes:

- Dialoge zwischen verschiedenen Positionen des Ichs oder verschiedenen Körperteilen
- Umkehrungen (das Gegenteil von Verhaltensweisen, die häufig vorkommen) spielen
- Projektionen spielen
- Übertreibungen von motorischem und verbalem Ausdruck
- Sätze formulieren, hinter denen man stehen kann (». . . und dazu stehe ich«)
- Selbstkommentare (Probehandeln)
- Satzangebote durch den Therapeuten
- Wahrnehmungsübungen
- Reizüberflutung
- Phantasieübungen
- Rollenspiele

Diese Aufstellung ist keineswegs vollständig. Experimente sind in der Zahl unbegrenzt. Sie können aus der Situation heraus entwikkelt werden. Dennoch kommen in Abwandlungen die genannten Übungen immer wieder vor.

10.5 Diskussion

Effektivität

Das Neurosenmodell der Gestalttherapie hat zwei Schwerpunkte: einmal die Blockade der Gefühle, wie sie besonders bei übersozialisierten, emotional eingeengten Personen auftritt, die hauptsächlich mit dem Kopf arbeiten. In diesen Personen sieht Simkin (1976) die Zielgruppe der Gestalttherapie. Zum andern den körperlichen Ausdruck psychischer Beschwerden, wie er sich auch in der Psychosomatik findet. Auch dieser Typ von Klient erscheint für die Gestalttherapie von vornherein und nach bisherigen Berichten geeignet. Süß und Martin (1978) geben Hinweise darauf, daß auch bei Psychotikern diese Therapieform erfolgreich angewendet worden ist. Nicht indiziert dagegen erscheint sie wegen ihres ausagierenden Charakters bei Personen, die ohnehin zu hysterischem Verhalten neigen. Mit gestalttherapeutischer Beeinflussung lassen sich offensichtlich manche somatischen Beschwerden, wie fluktuierende Sehfehler verbessern (Rosanes, 1970).
Der Heilungsprozeß findet gemäß der Auffassung der Gestalttherapie im Bewußtsein des Klienten statt und läßt sich primär phänomenologisch-introspektiv erfassen. Man muß sagen, daß sich die Gestalttherapie dadurch in ihrer Spontaneität dem empirischen Zugriff entzieht. Die therapeutischen Interventionen sind in ihrer Qualität schwer experimentell herausstellen. Die einzelnen Maßnahmen entwickeln sich wie bei der Gesprächstherapie aus der interpersonellen Situation zwischen Therapeut und Klient. Die Merkmale der therapeutischen Maßnahme sind jedoch in der Gestalttherapie nicht so systematisch untersucht worden wie dort (etwa die Therapeutenvariablen Akzeptanz, Kongruenz und Emphatie). Auch die Prozeßvariablen, die den Fortschritt der Therapie beim Klienten abbilden sollen, sind nicht, wie in der GT, in Skalen wie »Selbstexploration« und »Erlebnisaktivierung« erfaßt worden. Vermutlich wäre jedoch die letztere Skala auch für die Gestalttherapie ein gutes Kriterium des Therapiefortschritts, wie er im Klienten sichtbar wird (Bommert & Dahlhoff, 1978). Mehr als für die GT sind in der Gestalttherapie die Aha-Momente des Klienten von Bedeutung, deren Nachwirkungen in der Umsetzung den Therapeuten bedauerlicherweise nicht immer interessieren.
Es gibt in der Literatur hauptsächlich Berichte über kurze Episoden von therapeutischen Interventionen. Systematische Untersuchungen sind bisher selten (Glass & Smith, 1977, zählen acht).

Nicht einmal Fallgeschichten wie die folgende, die von Laura Perls stammt (1956), sind sehr zahlreich.

Fallbeispiel:
Der Klient ist ein ehemaliger jüdischer Rechtsanwalt aus Deutschland, der nach Amerika emigrierte. Er ist unzufrieden mit seinem derzeitigen Beruf (Geschäftsmann). In der ersten Stunde wirkt er müde, resigniert, intelligent, aber bedrückt und betrachtet sich selbst als Versager. Er ist menschenscheu, schiebt Aufgaben vor sich her und ist mit seiner Partnerbeziehung unzufrieden. Allerdings wird er als zuverlässig und umsichtig geschätzt und liebt seine Kinder, ist sich jedoch nicht sicher, ob er alles mit ihnen richtig macht. Sein Vater war ein farb- und erfolgloser Geschäftsmann, seine Mutter dagegen ehrgeizig und dominant in der Familie. Der Klient hat noch einen jüngeren Bruder, der als Sunnyboy gilt.
Die Therapie dauert zunächst 4 Monate lang, mit 2 wöchentlichen Kontakten, und später weitere 10 Monate mit einem Einzelgespräch und mit einer Gruppensitzung pro Woche. Im Erstgespräch erscheint der Klient unwillig und ohne eigene Initiative. Der Therapeut macht ihm darauf klar, daß dies keine sehr günstige Haltung ist, um Veränderungen herbeizuführen. Sorgfältig vermeidet er, ihn in seiner Hilflosigkeit zu unterstützen, um dieses Verhalten nicht zu verstärken. Der Klient bringt zum Ausdruck, daß er stets die Wünsche anderer Leute antizipiert und mit sich selbst hadert, daß er sie vermutlich nicht erfüllen kann. Dabei stellt sich das Gefühl der Leere ein und der Tatenlosigkeit. Durch viele Bewußtseinsübungen in den ersten Wochen wird diese Leere in Spannung, Ungeduld, Erregung und Mißtrauen umgewandelt. Der Klient wird auf seine Körperhaltung aufmerksam gemacht, die ihm wenig Unterstützung im Auftreten gibt und seine Zurückziehungstendenz signalisiert. Der Therapeut arbeitet in der Folge an der Atmung und der Körperbewegung, die beide als Stützfunktionen selbstbewußten Handelns wichtig erscheinen. Dabei wird immer häufiger aus Sätzen wie: »Ich kann nicht« oder »Ich weiß nicht« ein Satz in der Art wie: »Ich will nicht«, indem der Klient die Verantwortung für sein Handeln übernimmt.
Auf dem Weg zur Änderung durchläuft der Klient eine Krise, indem er oft Verlegenheit spürt. Diese Verlegenheit sieht der Therapeut ähnlich zur Verlegenheit in der Pubertät, wo der Mensch sich neuen Situationen aussetzt und sich verändert, ohne schon die nötigen Bewältigungsmechanismen sicher zu beherrschen. Er hält den Klienten an, diese Verlegenheit zu erleben und sich über ihre Bedeutung klar zu werden, da sie ein gutes Zeichen sei. Am Abschluß der Therapie wirkt der Klient zwar immer noch reserviert, aber nicht mehr schüchtern, etwas würdevoll, jedoch nicht steif, insgesamt wohlwollend, und ist beliebt in Gruppe und Familie. Beruflich macht er Fortschritte, und seine Beziehung zu Kindern und Ehefrau ist für ihn sehr erfreulich (Laura Perls, S. 54ff.).

Kritik

Zwar verbindet wohl die Gestalttherapie manche Vorteile von Verhaltenstherapie und Tiefenpsychologie, aber sie hat einen grundsätzlich wissenschaftsfeindlichen Ansatz. Eine Ausnahme bildet Denners Experiment zur Wahrnehmungsverarbeitung und Gestalttherapie (1970). Ihr Ziel ist existentiell, nämlich dem einzelnen (momentan) zu helfen. Aus der subjektiven Evidenz des Erfolgs bei Therapeut und Klient wie auch Publikum bezieht die Gestalttherapie ihre Legitimation. Sie verweigert sich einer Systematisierung in der Anwendung, da die Intervention aus dem Augenblick heraus entwickelt wird und eine ganzheitliche individuelle Strategie darstellt. Sie entzieht sich der Evaluation, weil weder adäquate Instrumente zur Erfassung des Therapieprozesses (wie in der GT beispielsweise auf der Klientenseite die Selbstexplorations-Skalen und auf der Therapeutenseite die Skalen zur Echtheit, Wärme und Einfühlung), noch Meßinstrumente des Therapieeffektes entwickelt wurden. Zwar läßt sich im Sinne der Produktevaluation das übliche Instrumentarium und Design der Therapieforschung anwenden, jedoch gibt es bisher wenige Untersuchungen für die Effektivität der Gestalttherapie. Der Gestalttherapeut begreift sich eher als Künstler (Polster 1975), der aus dem Rohmaterial des Klienten dessen Figur herausarbeiten möchte. Die Figur besteht in der Vollendung von Bedürfnissen, die bisher aus neurotischen Gründen zurückgestellt wurden.
An diese schwer faßbare Qualität des guten Therapeuten, die sich nicht objektivieren läßt, sondern die man als Lehrling dem Meister abschaut, knüpft sich eine zweite grundsätzliche Kritik an dieser Therapie. Sie hat wie andere humanistische und esoterische Therapien eine ganzheitliche Lernmethode gefördert. Dabei steht oft das aktionistische Spektakel im Vordergrund. Die Evidenz der Wirksamkeit der Therapie bezieht sich auf Gruppenerlebnisse in Seminaren. Es melden sich natürlich immer die Klienten, die im Moment motiviert sind, etwas an sich zu verändern. Das Problem des Widerstands im eigentlichen Sinne wird umgangen, obwohl die Gestalttherapie gerade den Widerstand als wichtige Ressource des Heilungsprozesses für sich reklamiert.
Kritisiert worden ist auch die Annahme, daß Veränderung und Heilung stets ein schmerzhafter Prozeß sei, der nur über den Weg der Frustration ermöglicht werde. Daß Schmerzen einer Heilung vorausgehen, scheint eine zwar häufige, aber nicht notwendige Erfahrung zu sein.

Das grundlegende Prinzip des gestalttherapeutischen Persönlichkeitsmodells ist, wie in der Gesprächstherapie, die Selbstregulation des Menschen. Es wird die Annahme gemacht, daß jeder Mensch in sich die Kraft besitzt, wenn auch verschüttet, sich zu einem glücklichen und gesunden Menschen zu entwickeln. Dabei fließt die normative Vorstellung ein, daß ein gesunder Mensch stets im Kontakt mit seiner Innenwelt und der Umwelt lebt. Das heißt, seine Bedürfnisse treten ihm ins Bewußtsein, die Hindernisse, die der Bedürfnisbefriedigung entgegenstehen ebenso wie die aus der Umwelt an ihn ergehenden Aufforderungen. Das Leben des psychisch gesunden Menschen findet im Hier und Jetzt statt, d.h. es ist spontan. Diese Forderung, Bedürfnisse auszuleben, kann wohl als Gegengewicht interpretiert werden, das dem überwiegend rational bestimmten westlichen Kulturmenschen einen Ausgleich bieten soll.

Konflikt und Neurose entstehen durch mangelhafte Assimilation von Erfahrungen, Lerninhalten, Normen und Modellen. Sie kommen zum Ausdruck in Abwehrreaktionen wie Introjektion, Projektion, Retroflexion, Deflexion, Desensitivierung und Konfluenz. Der neurotische Mensch lebt nicht in Kontakt mit seiner Umwelt und sich selbst. Er ist verwirrt, unsicher und verzehrt sich in einem inneren Kampf der Motive.

Die Therapie besteht darin, Abwehrreaktionen und Bedürfnisse bzw. deren Verdrängung in den körperlichen Ausdruck ins Bewußtsein zu heben. Ebenso sollen unvollendete Bedürfnisfiguren bewußtgemacht werden. Um neurotische Verhaltensweisen zu beheben, geht es um die Einübung neuer Verhaltensformen, die Abwehr unnötig machen und Bedürfnisse auszuleben gestatten. Dabei sollen die immanent konflikthaften Polaritäten im Menschen in einem Dialog so profiliert werden, daß sie zur Integration führen.

Die Übungen der Gestalttherapie sind erfahrungsorientiert. Es liegt ihnen die Annahme zugrunde, daß nur Erfahrungen (vgl. Erlebnisaktivierung, Kapitel 9.4) den Kontakt mit der Umwelt und den Bedürfnissen ermöglichen. Die dabei auftretenden Emotionen bilden die natürlichen Beurteilungskriterien des Individuums für die Situation. Dabei werden Langeweile, Schuld, Scham und Angst nicht als endgültige Gefühle betrachtet. Es wird versucht, derartige Regungen in Trauer, Ärger und Freude zu transformieren. Hier scheint eine willkürliche Einteilung in echte und unechte Gefühle vorgenommen worden zu sein. Angst ist nun aber in den Augen

vieler Autoren ebenso ein biologisch angelegtes Signal wie Ärger (vgl. etwa R. Lazarus' Emotionstheorie, Kapitel 8, Band 2).
Die Erfahrung und die emotionale Beteiligung des Klienten ist, wie in der Primärtherapie (Band 1, Kapitel 5), das Vehikel der Therapie. Gestalttherapie lebt aus der Interaktion, sie bedarf nicht, wie die Psychoanalyse, einer langwierigen Übertragungsbeziehung. Vielmehr werden die therapeutischen Einsichten und die emotionale Beteiligung durch Darstellung und Rollenspiel erreicht. Allerdings ist Einsicht, die in einer Therapiesitzung gewonnen wird, nicht schon der Therapieerfolg. Verhaltensänderungen werden durch wiederholte Rollenspiele und Hausaufgaben langsam aufgebaut – ähnlich wie in der Verhaltenstherapie.
Die Gestalttherapie weist deutliche Beziehungen sowohl zur Psychoanalyse als auch zur Verhaltenstherapie auf. Die emotional getönten Wiederbelebungen der Vergangenheit (unerledigter Geschäfte) erinnert an die Psychoanalyse. Nur Übertragung ist, wie gesagt, nicht bedeutsam, ebensowenig wie die Interpretation des vom Klienten Geäußerten. Der Klient deutet sein Verhalten selbst. Widerstand wird in der Gestalttherapie anders behandelt als in der Analyse: Der Therapeut arbeitet an den Einwänden, dem Gefühl der Blockade, den Körperreaktionen und den Wahrnehmungen des Klienten weiter. An die VT erinnern die Rollenspiele, in denen neue Verhaltensmöglichkeiten ausprobiert werden und die Betonung der Erfahrung. Auch Verstärkung wird ganz gezielt in solchen Übungen vom Therapeuten eingesetzt. Allerdings will der Gestalttherapeut keine willigen und gelehrigen Schüler, sondern kritische Klienten – um neuerlichen Introjektionen vorzubeugen. Der Klient soll die richtige Form der Verhaltensalternative selbst finden, soll Erfahrungen assimilieren, d. h. für sich zurechtstutzen. Daher gibt der Therapeut kein Modell, kaum Stütze, sondern wirkt lediglich als Resonanzkörper und Sensor für die Regungen des Klienten. Oft kommt es zu Interventionen, die an Reizüberflutung und Umstrukturierung erinnern.
Der Vorteil der Gestalttherapie gegenüber einer programmorientierten Verhaltenstherapie ist die individuelle Entwicklung des Problembewußtseins und der Therapiemotivation. Planungshilfen fördern die Selbständigkeit kaum, Erlebnisaktivierung dagegen die subjektive Bedeutsamkeit. Hierbei kommt eine starke Motivation zustande, die sehr hilfreich ist: der Klient ist emotional beteiligt und er hat, wie in der Analyse, Erinnerungen, auf die er seine momentane Störung attributieren kann. Er findet eine subjektiv befriedigende Erklärung für seine Schwierigkeiten.
Mit der Gesprächstherapie hat die Gestalttherapie das selbstregula-

torische Prinzip und die Forderung der Autonomie des Klienten gemeinsam. Sie verzichtet aber auf die Erzeugung einer angstfreien Atmosphäre, weil sie im Gegensatz zur Gesprächstherapie meint, durch Frustrationen dem Menschen zur Änderung verhelfen zu können.

Empfohlene Literatur

Fagan, J. & Sheperd, I. L. Gestalt Therapy Now. New York: Science Behavior Books, 1970

Perls, F. S. Grundlagen der Gestalt-Therapie. München: Pfeiffer 1980

Perls, F. S., Hefferline, R. F. & Goodman, P. Gestalttherapie, Teil I und Teil II (1951). Stuttgart: Klett Kotta, 1980

Polster, E. & Polster, M. Integrierte Gestalttherapie. München: Kindler, 1975

Simkin, J. S. Gestalt Therapy, Celestrial Arts, 1976

11. Das vervollständigte Bewußtsein

11.1 Vegetative Regulation

Ergotrop und trophotrop

Das Nervensystem dient der Aufrechterhaltung und gegenseitigen Abstimmung diverser körperlicher und psychischer Funktionen. Die Vorgänge werden vom Hirn zentral gesteuert. Es werden Wahrnehmungsinformationen von der Außenwelt über die Sinnesorgane und vom eigenen Körper über die Propriozeptoren zentral gesammelt. Entsprechend unseren Reflexen, Gewohnheiten, Intentionen und Handlungsplänen laufen unsere Bewegungen in Abstimmung mit den Sinnesinformationen ab. Diese Vorgänge sind oft bewußt und zum Teil willkürlich beeinflußbar. Im Gegensatz zur Skelettmuskulatur werden aber unsere inneren Organe von einem Teil des Nervensystems gesteuert, dessen Vorgänge vielfach nicht bewußt sind und deren willkürliche Beeinflussung nicht ohne weiteres möglich ist. Diesen Teil des Nervensystems nennt man autonomes oder vegetatives Nervensystem (ANS). Er handelt »selbständig« und versorgt die vegetativen Funktionen des Organismus, d. h. die lebenserhaltenden Funktionen.
Bezüglich dieser vegetativen Regulierung bewegt sich der Organismus normalerweise zwischen zwei Extremen:

Notfallsreaktion: Wenn der Organismus durch entsprechende Informationen alarmiert wird, sich auf eine Auseinandersetzung mit der Außenwelt vorzubereiten, kommt es zu einem aktivierten Zustand im Gehirn. Im Rahmen dieser Aktivation geht einem nicht nur viel durch den Kopf und die allgemeine Aufmerksamkeit ist erhöht, sondern die Organe werden darauf vorbereitet, schnell im Sinne einer Abwehr oder einer Flucht zu reagieren. Insbesondere der eine Teil des ANS, der Sympathikus veranlaßt eine Reihe von dazu geeigneten Reaktionen im Körper:
- Erhöhung der Herzrate und des Blutdrucks,
- Beschleunigung der Atmung, stärkeres Einatmen,
- Erhöhte Muskeldurchblutung und geringere Hautdurchblutung,
- Erhöhung der Muskelspannung (Muskeltonus),
- Freisetzung von Energiereserven (Blutzucker),
- Pupillenerweiterung,
- Schweiß-Sekretion, Aufrichten der Haare u. a.

Dazu kommt eine Ausschüttung von Hormonen (zentral durch die Hypophyse: Katecholamine, ACTH), die ihrerseits Hormonaus-

schüttungen z. B. in der Nebennierenrinde verursachen, wodurch wieder die inneren Organe im gleichen Sinne wie durch die Sympathikus-Innervation beeinflußt werden. Die Durchblutung als Energieträger versorgt also dann vornehmlich die Muskeln und weniger die Haut und die Eingeweide. Die Verdauungstätigkeit wird herabgesetzt, ebenso Sexualfunktionen. Diese Gesamtumstellung des Organismus auf eine Abwehr von außen drohender Gefahr, nennt man Alarm- oder Notfallsreaktion bzw. *ergotrope* Reaktion.
In Phasen der Ruhe und Beschütztheit, insbesondere im Schlaf, schaltet der Körper auf eine andere Gesamteinstellung um, die man *trophotrope* Reaktion nennt. Sie dient der Erholung, der Regeneration, insbesondere der Verdauung.

Erholungsreaktion: Es findet eine Erniedrigung der Aktivation im Hirn und eine überwiegende Innervation der inneren Organe durch das parasympathische Nervensystem statt (deren wichtigster Nerv der Vagus ist). Dabei kommt es zu folgenden physiologischen Erscheinungen:
- Erniedrigung der Herzrate und des Blutdrucks,
- Verlangsamung und Verflachung der Atmung, (geringerer Sauerstoffverbrauch),
- u. U. Pupillenverengung,
- Tendenz zur Magensekretion und Bewegung des Magen-Darm-Traktes,
- Tonusverringerung in den Skelettmuskeln.

Während der ergotropen Reaktion stellen sich subjektive Empfindungen der Erregtheit, Angst oder Wut ein. Im trophotropen Zustand dagegen hat man das Gefühl der Inaktivität und Schläfrigkeit. Schließlich geht der Organismus in den Schlaf über. In Abbildung 11.1 ist eine Übersicht der Innervation durch Sympathikus und Parasympathikus dargestellt.

Die Entspannungsreaktion

Das was mit den verschiedenen Entspannungstechniken erreicht werden soll, ist eine Umschaltung des Organismus. Und zwar soll dabei die ergotrope Reaktion, d. h. die Alarmbereitschaft abgebaut werden. Das heißt aber nicht, daß eine vollständige Umschaltung auf den trophotropen Schlafzustand vollzogen wird. Vielmehr wird bei gelungener Entspannung die Innervation des Sympathikus herabgesetzt, womit alle Vorgänge der Alarmbereitschaft blockiert werden, ohne daß ein schläfriger Zustand eintritt. Es kommt zu einer Verminderung der Aufmerksamkeit für Außenreize, zu einer Erhöhung der Schwellen in den Sinnesorganen. Zugleich aber kann die volle Aufmerksamkeit nach innen gerichtet und auf das Be-

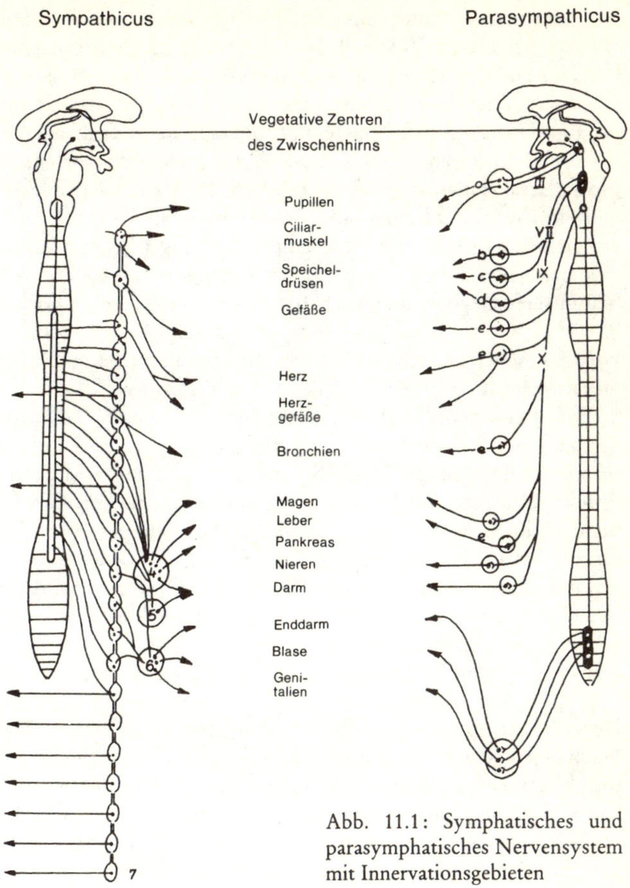

Abb. 11.1: Symphatisches und parasymphatisches Nervensystem mit Innervationsgebieten

wußtsein gelenkt werden (Konzentration). Physiologisch kommt es in der Hauptsache zu folgenden Erscheinungen:

- Verlangsamung der Herzrate,
- Verlangsamung und Verflachung der Atmung (verringerter Sauerstoffverbrauch),
- Verringerung des Muskeltonus (Erschlaffung),
- Vermehrte Hautdurchblutung und damit verbundene Erwärmung (Gefäßerweiterung),
- Speichelabsonderung,
- Anregung der Darmtätigkeit,
- Eventuell Erhöhung der Alpha-Tätigkeit im EEG.

Die »normalen« Lebensumstände in der westlichen Zivilisation erschweren diesen Zustand, so daß er von allein selten eintritt. Durch ständigen »Streß« wird er verhindert. Dieser »Streß« verursacht eine Alarmbereitschaft, eine Abwehrbereitschaft, die in der genannten ergotropen Umstellung besteht. Es kommt aber üblicherweise nicht zu den auf diese Weise biologisch vorbereiteten Notfallsreaktionen, wie Kampf oder Flucht. Statt dessen sitzen wir still im Auto, erbleichen über den Unfall, in den wir beinahe verwickelt worden wären und empfinden Angst bei fast vollkommener körperlicher Ruhe. Oder wir schlucken still die Aggressionen unseres Gegners im Geschäftsleben runter, kommen höchstens dazu, verbal zu reagieren, ohne wie physiologisch vorgeformt, zurückzuschlagen. Das heißt, es kommt in vielen alltäglichen Situationen durch intensive Außenreize in Form von Lärm, durch Krisensituationen, Gefahren und persönlichen Auseinandersetzungen zu einer Abwehrbereitschaft, auf die aber keine Abwehrreaktion im biologisch angelegten Sinne folgt. Vielmehr wird sie unterdrückt. Das Herz schlägt also ganz umsonst schneller, da wir gar nicht mehr Sauerstoff brauchen, da die Muskeln gar keine Arbeit zu verrichten haben. Neuere Untersuchungen zeigen, daß die erhöhte Hormonausschüttung (Katecholamine) zur Innervation des Herzmuskels für die inneren Schichten der Herzkranzarterien schädlich ist und zu Zerstörungen führt, die Cholesterinablagerungen begünstigen. Das bringt eine Erhöhung des Infarktrisikos mit sich (Gefäßverschluß).

Der Organismus reagiert schematisch etwa in folgender Weise: Nach einem alarmierenden Signal erfolgt zunächst eine parasympathische Innervationsphase, die vermutlich so interpretiert werden kann, daß die trophotropen Vorgänge umgestellt werden. Dann schließt sich eine Phase erheblicher sympathischer Innervation an, die die Alarmbereitschaft des Körpers veranlaßt. Nach erfolgter Abwehr oder Flucht folgt dann eine Beruhigung, eine Erholungsphase (Abb. 11.2a). Bei Dauerbelastung resultiert eine Überforderung des Organismus und sein Zusammenbruch (Abb. 11.2b). Neben dieser sympathikotonen Reaktion auf Dauerbelastung gibt es auch eine vagotone Reaktion auf Dauerbelastung. Hier kommt es gar nicht zur ergotropen Reaktion, sondern der Organismus verharrt verlängert in der Vorphase, in der noch eine parasympathische (Vagus) Innervation vorliegt, was etwa zu Magengeschwüren führen kann. Im Kreislaufsystem führt die ständige sympathikotone Reaktion zu Herzkrankheiten. Das Herz wird überlastet, ohne daß es durch entsprechende körperliche Belastung dafür trainiert wird. Ein Trainingseffekt im Kreislaufsystem setzt nämlich erst

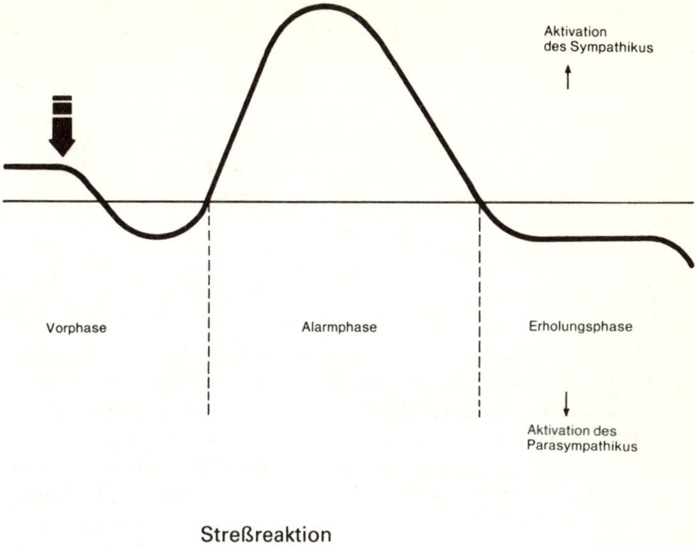

Abb. 11.2a: Streßreaktion als vegetativer Dreitakt (nach Peter & Gerl 1977)

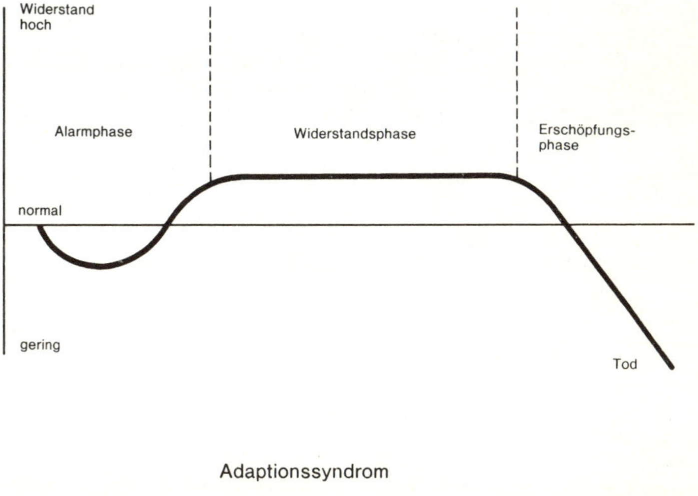

Abb. 11.2b: Ermüdungsreaktion durch überstarken oder überlangen Streß

ein, wenn der Körper tatsächlich bis zu einem gewissen Grad belastet wird (zwischen 40% und 80% der Maximalbelastbarkeit). Ohne diese körperliche Aktion besteht lediglich die erhöhte Anforderung an das Herz, ohne daß entsprechendes Training wie, in der animalischen Umwelt normalerweise gegeben ist. Der gezielt herbeigeführten Entspannungsreaktion kommt daher prophylaktische Bedeutung zu.

Entspannungskontrolle

Die Entspannungsreaktion ist ein Zwischenzustand zwischen ergotroper Alarmbereitschaft und trophotropem Schlaf: Es wird im wesentlichen der Sympathikus reduziert, ohne daß der parasympathische Teil des vegetativen Nervensystems so reagiert, wie es im Schlaf der Fall ist. Dabei kommt es zu einer Desaktivierung. In der Aktivierung des Gehirns spielt das retikuläre System (Formatio reticularis, Abb. 11.3) eine entscheidende Rolle. Hier kommen alle Sinnesinformationen an und von hier aus erregen sie diffus das Mittelhirn und das Großhirn. Eine geringere Aktivation wirkt sich u. a. auf das Zentrum des vegetativen Nervensystems aus, den Hypothalamus (im Zwischenhirn). Entsprechend erfolgt eine geringere oder gar keine ergotrope Reaktion durch das sympathische Nervensystem und durch die entsprechenden Hormonausschüttungen, die von der Hypophyse gesteuert werden.
Die Verknüpfungen im Nervensystem sind bekanntlich vielfältig, so kann das Großhirn, also auch unser bewußtes Denken auf die anderen Teile des Gehirns, z. B. den Hypothalamus oder das retikuläre System einwirken. Und zwar bewirkt eine geistige Beruhigung z. B. durch Konzentration gerade diese Schwellenerhöhung gegenüber Außenreizen und die Beruhigung des vegetativen Nervensystems. Es ergeben sich daher drei Ansatzpunkte, um eine Entspannungsreaktion herbeizuführen.

Muskuläre Entspannung: Die Entspannung der Skelettmuskulatur macht einen wichtigen Teil der Entspannungsreaktion aus. Die Skelettmuskulatur kann willkürlich beeinflußt werden. Eine Entspannung gelingt besonders durch das Kontrasterlebnis von Spannung und Entspannung. Diese Art der Erschlaffung der willkürlichen Muskulatur wird in der *progressiven Relaxation* betrieben.
Vegetative Entspannung: Durch Konzentration der Aufmerksamkeit auf die vegetativen Erscheinungen der Entspannung wie Hautwärme (Gefäßerweiterung), Gefühl der Schwere (Tonuserniedrigung), Herz und Atemfrequenz usw. läßt sich eine körpereigene Rückkoppelung des vegetativen

Nervensystems herbeiführen und bewußt machen. Mit Hilfe dieser Rückkoppelung ist es möglich, die vegetativen Funktionen im Sinne einer Entspannung zu beeinflussen. Dies wird im *autogenen Training* angestrebt.
Kortikale Entspannung: Da es möglich ist, mit Hilfe von Konzentration vom Großhirn auf die anderen Hirnteile, z. B. die Formatio reticularis zurückzuwirken gelingt es, die Entspannung auch durch eine bestimmte Bewußtseinshaltung herbeizuführen.
Hierbei spielt die selektive Aufmerksamkeit eine große Rolle. In der *Hypnose* wird sie auf einen monotonen äußeren Reiz gelenkt, auf bestimmte Körperteile oder auf ein bestimmtes inneres Bild. Ähnlich wird in der *Meditation* die Konzentration auf ein bestimmtes Wort, einen bestimmten Anblick oder eine bestimmte Vorstellung gelenkt, um einen Entspannungseffekt zu erreichen.

Die Wirkung der unterschiedlichen Maßnahmen zur Entspannung sind nicht gleich, da nicht alle Teile des Organismus durch vegetative, kortikale oder muskuläre Beeinflussung gleichermaßen betroffen werden. Es ergeben sich Unterschiede. Es gibt aber eine gewisse Überschneidung in der Entspannungsreaktion bei all den genannten Techniken.

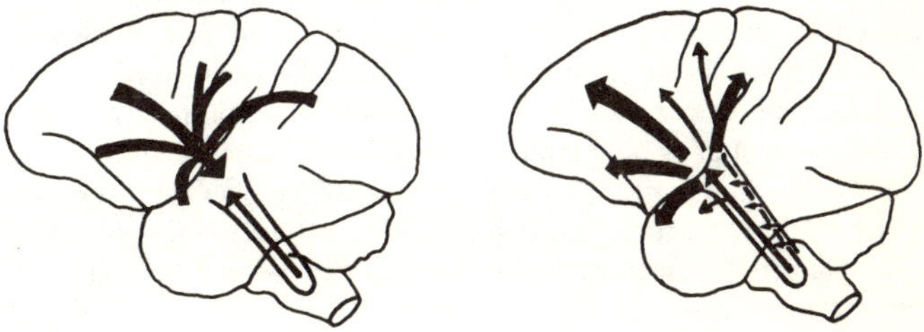

Abb. 11.3: Retikuläres System. Es wird vom Großhirn beeinflußt und filtert seinerseits ankommende Sinnesinformation

11.2 Progressive Muskelrelaxation

Methode

Der leichteste Zugang zur Entspannung ist die progressive Muskelrelaxation (PR), die 1938 von E. Jacobson entwickelt wurde. Sie geht von der Beobachtung aus, daß jede psychische Anspannung sich in einer Zunahme des Muskeltonus äußert. Die Verminderung dieses Muskeltonus ist das primäre Ziel der PR. Spannen Sie bitte versuchsweise die rechte Hand für 5 bis 6 Sekunden zur Faust an und lassen Sie dann los. Wiederholen Sie das dreimal und beachten Sie die Empfindungen in Ihrer rechten Hand. Sie werden feststellen, daß Sie nach der Anspannung das Loslassen als eine Erschlaffung und angenehme Empfindung wahrnehmen. In der PR werden systematisch die quergestreiften (willkürlichen) Muskelpartien des Körpers diesem Kontrasterlebnis unterzogen und auf diese Weise entspannt. Man beginnt gewöhnlich mit den Händen. Dabei beginnt man mit der rechten Hand deswegen, weil sie bei Rechtshändern durch die bevorzugte Nutzung besonders sensibel ist und daher am ehesten einen Effekt anzeigt. Von den Händen über Unterarm, Schultern, Nacken geht man zum Kopf und zur Gesichtsmuskulatur, dann zum Rücken, der Brust, dem Bauch, dem Gesäß und schließlich den Beinen.

Die PR kann für den ganzen Körper angewendet werden, um einen allgemeinen Zustand der Entspannung herbeizuführen, sie kann nach einiger Übung auf einzelne Muskelpartien konzentriert werden, in denen besondere Beschwerden vorliegen, wie z. B. Nakkenmuskelverspannungen, Stirnmuskelkopfschmerzen u.a. und sie kann schließlich differentiell in der Form angewendet werden, daß man unter Alltagsbedingungen in der Lage ist, jene Muskelpartien zu entspannen, die gerade frei sind, z. B. beim Stehen, Sitzen, Autofahren oder im Gespräch. Diese partielle Entspannung kann auf bestimmte Streßauslöser differentiell konditioniert werden. Dadurch gelingt es bei hinreichender Übung einen Gesamtzustand der Entspannung herbeizuführen – abgesehen von den zur Zeit aktiven Muskelpartien. Man kann auf diese Weise die Entspannung im täglichen Leben einsetzen, um Angsterlebnissen prophylaktisch entgegenzuwirken.

Zur Technik der Durchführung ist folgendes zu bemerken: Das Entspannungstraining sollte regelmäßig durchgeführt werden und dauert am Anfang länger als später, wenn eine gewisse Übung vorliegt. Wenn man systematisch alle Muskelpartien des Körpers durchgeht, so braucht man eine halbe Stunde oder sogar länger dazu. Die Übung sollte im Entspannungsstuhl oder in der sogenannten Droschkenkutscherhaltung (Abb. 11.4) auf einer Sitzgelegenheit durchgeführt werden. Auch Liegen ist möglich – es hat aber den Nachteil, daß es zu leicht zur Schläfrigkeit führt. Entscheidend ist, daß alle Körperteile in einer Position ruhen, die nur geringe Stützung durch die Körpermuskeln erfordert und daß außerdem der Körper nicht durch Gürtel oder Schuhe eingezwängt wird. Man sollte jede Einzelübung am Anfang zwei- bis dreimal durchführen und dann erst zur nächsten Muskelpartie übergehen. Zugleich sollte bei der Entspannung die Aufmerksamkeit auf die

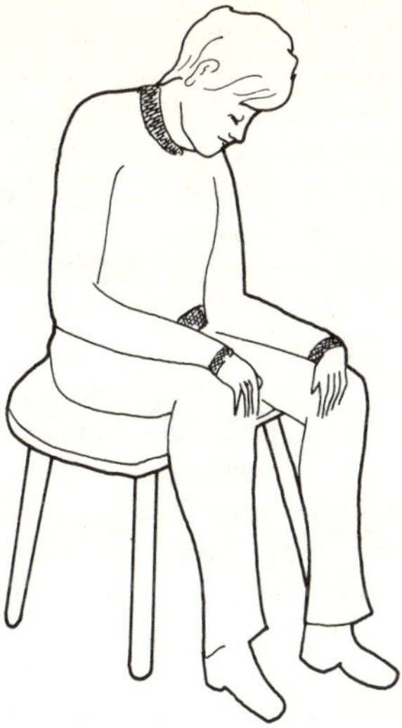

Abb. 11.4: Droschkenkutscherhaltung zur Entspannung

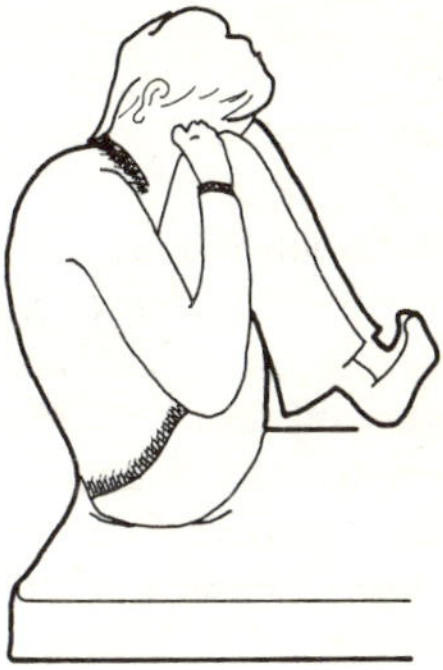

Abb. 11.5: Hockstellung zur Kurzentspannung

Körperwahrnehmungen gelenkt werden. Es stellt sich sehr bald in den Fingern ein Kribbeln, ein Schwere- und Wärmegefühl ein, das allmählich auf den ganzen Körper übergeht. Außerdem sollte während der Entspannung formelhaft immer ein bestimmtes Wort gemurmelt bzw. gedacht werden, etwa »lösen« oder »entspannen«. Dadurch tritt vermutlich ein Konditionierungseffekt der Entspannungsreaktion auf dieses Auslöserwort ein, was in der Zukunft die Herbeiführung der Entspannung erleichtert. Insgesamt sind die Effekte zu Anfang nicht so deutlich und der Entspannungserfolg oft enttäuschend. Die Entspannung stellt sich mit zunehmender Übung immer schneller ein und die Empfindungen werden immer deutlicher. Hat man die Entspannung über den ganzen Körper geübt, so kann man später zu einer kurzen Entspannung übergehen. Dazu wird der Körper insgesamt in einer Art Hockstellung angespannt und gelöst (Abb. 11.5). Und schließlich kann man die Entspannung der einzelnen Körperteile durch bloße Konzentration auf diesen Körperteil und die formelhafte Suggestion der Entspannung in diesem Bereich herbeiführen (Vergegenwärtigung: »die Hand ist jetzt ganz entspannt«, »der Nacken ist jetzt ganz entspannt und warm« usw.). Die fortgeschrittenen Formen der Entspannung sollten erst nach vollständiger Beherrschung der ausführlichen Form verwendet werden. Regelmäßiges Üben ist wie bei allen anderen Lernvorgängen besonders auch am Anfang notwendig und kann nicht durch gelegentliches massiertes Üben kompensiert werden (Kassette zum Buch von Peter & Gerl, 1977). Zur Durchführung siehe auch Florin (1978).

Die Wirkungsweise der progressiven Relaxation

Die Biofeedbackforschung hat gezeigt, daß durch die progressive Relaxation eine Veränderung hervorgerufen werden kann und zwar in beliebigen umschriebenen Regionen des Körpers. Der Kontrast von Anspannung und Lockerung schärft die propriozeptive Wahrnehmung in den Muskeln und macht das Zielverhalten, nämlich die Entspannung deutlich. Der genaue neurophysiologische Mechanismus, wie dieses Kontrasterlebnis zu einer Erniedrigung des Muskeltonus führt, ist nicht bekannt. Es ergibt sich eine allgemeine Ruhigstellung, insbesondere eine Senkung der Muskelspannung und Senkung der Herzfrequenz – mehr als bei anderen Verfahren. Psychologisch geht dies einher mit einer Verminderung von Unlustgefühlen und Erregungszuständen. Angst wird in der progressiven Relaxation abgebaut. Die Entspannung kann als Erweiterung des Verhaltensrepertoires des Organismus verstanden werden; sie steht als Alternative in Streß-Situationen zur Alarmreaktion zur Verfügung und kann mit Hilfe der Vergegenwärtigung kurzfristig und willkürlich herbeigeführt werden. Die progressive Relaxation wird klinisch insbesondere bei der systematischen Desensibilisierung eingesetzt. Darauf wird in einem gesonderten Abschnitt eingegangen (Kapitel 7, Band 2). Zur Indikation siehe nächster Abschnitt.

11.3 Autogenes Training (AT)

Die Unterstufe

Das autogene Training wurde von J. H. Schultz (1932) entwickelt. Es ist ein Verfahren, um durch Autosuggestion einen hypnoseähnlichen Zustand herbeizuführen. Die Technik beruht auf der Beobachtung, daß unter Hypnose bestimmte körperliche Begleiterscheinungen auftreten, wie Entspannungsgefühl, Wärme- und Schwere-Erlebnisse. Das autogene Training ist besonders im europäischen

Raum verbreitet. Die Literatur wurde u.a. von Luthe (1970) und Langen (1978) zusammengefaßt.
Das autogene Training hat zwei Abschnitte. In der sogenannten Unterstufe wird die Entspannungsreaktion über die vegetative Regulation herbeigeführt. Daran schließen sich in der sogenannten Oberstufe meditative Vorstellungsübungen zur Vertiefung an. In der Unterstufe wird der Entspannungseffekt dadurch erzielt, daß suggestiv bestimmte somatische Effekte der Entspannung wie Schwere (Tonusverminderung), Wärme (Gefäßerweiterung), Verlangsamung der Atmung, der Herzrate und eine etwas unklare Beeinflussung der Eingeweide (U5) sowie die Entspannung der Kopfregion innerlich vorgesprochen werden. Diese Formeln werden regelmäßig wiederholt.

Tab. 11.1: Unter- und Oberstufen des autogenen Trainings

Unterstufe:	U0 »Ich bin ganz ruhig.«
	U1 »Die rechte Hand ganz schwer . . .«
	U2 »Die rechte Hand ganz warm . . .«
	U3 »Es atmet mich. (Atmung ganz ruhig)«
	U4 »Das Herz schlägt ganz ruhig und kräftig.«
	U5 »Sonnengeflecht strömend warm.«
	U6 »Stirn angenehm kühl.«
Zurücknahme:	»Arme fest! Tief einatmen! Augen auf!«
Oberstufe:	O1 Eigenfarbe (Rot)
	O2 Konkrete Objekte (Vase)
	O3 Abstrakte Begriffe (Glück, Trauer)
	O4 Personen (Selbst)
	O5 Existentielle Fragen (»Was macht mir Angst?«) und Selbstinstruktionen (»Ich fühle mich besser«)
Zurücknahme wie oben.	

Es wird üblicherweise die Unterstufe sukzessive zu den sechs Formeln in der Tabelle 11.1 ausgebaut. Ihnen voraus geht eine Vorbereitung des Klienten. Er wird zu einer passiven Grundhaltung veranlaßt, in der er die Entspannung nicht erzwingen soll, da dies dem Prinzip der Entspannung widerspricht. Der Klient wird auf die körperlichen Empfindungen aufmerksam gemacht (Wärme, Schwere, gleichmäßige Atmung), aber auch auf die psychischen Erscheinungen. Diese bestehen darin, daß es auf dem Hintergrund der passiven Haltung u.U. zu überraschenden imaginativen und emotionalen Erlebnissen kommen kann. Als Körperpositionen kommen die gleichen wie bei der progressiven Entspannung in Frage. Ebenso wie hier sollte ein ruhiger, ungestörter Raum aufgesucht werden. Es kommt darauf an, eine gewisse Konstanz der

Situation zu schaffen, damit die Entspannungsreaktion leichter ausgelöst wird. Die Übungen sollten anfangs zweimal täglich durchgeführt werden. Regelmäßigkeit ist ein wichtiger Lernfaktor. Neben den oben genannten Effekten der Unterstufenübungen des autogenen Trainings sind eine verminderte Aufmerksamkeit und Erhöhung der Alphatätigkeit im EEG häufig. Es treten aber auch Thetawellen im EEG auf. Ferner vermindert sich der Sauerstoffverbrauch und bei trainierten Personen ist eine Senkung des Cholesterinspiegels im Blut nachweisbar. Die hauptsächlichen Wirkungen des autogenen Trainings sind jedoch die Verminderung des Muskeltonus, die Erweiterung der peripheren Blutgefäße und eine regelmäßige, verlangsamte Atmung. Psychisch ergibt sich als Konsequenz dieser Ruhigstellung ein Gefühl der Erholung und Gelassenheit (Resonanzdämpfung der Affekte). Als Störung können sich Herzrasen, Zittern, Schweißausbrüche und gelegentliche Schmerzzustände einstellen. Bei Gefäßverkrampfungen oder Migränedisposition sollte kein autogenes Training durchgeführt werden. Auch bei Infektionskrankheiten ist es in der Wirksamkeit verringert.

Oberstufe

Die Oberstufen des autogenen Trainings enthalten ähnlich den Meditationspraktiken Konzentrationsübungen im Sinne einer Fixierung auf bestimmte kognitive Inhalte oder Bilder,

01: Die *Eigenfarbe:* Man versucht sich mit geschlossenen Augen auf eine einheitliche Farbe zu konzentrieren und sie vor sich zu sehen. Dabei ist die Wahl der Farbe zunächst willkürlich. Stellt sich immer die gleiche Farbe ein, so spricht man von der »Eigenfarbe«.

02: *Konkrete Objekte:* Als nächste Stufe stellt man sich konkrete Objekte bildlich vor und versucht die Vorstellung davon zu erhalten (etwa ein bestimmtes Bild, eine Vase, eine Landschaft).

03: *Abstrakte Objekte:* Schwieriger ist die Vorstellung abstrakter Objekte, wie Haß, Liebe, Glück.

04: *Personen:* Als nächstes versucht man sich auf die Vorstellung bestimmter, einem gut bekannter Personen zu konzentrieren und sie bildlich vor sich zu sehen. Dabei kann man auch sich selbst als Person vorstellen und sich dahinein vertiefen.

05: *Existentielle Fragen:* Als letzte Übung der Oberstufe stellt man Fragen an das Unbewußte – etwa: »Wie bin ich? Was macht mir Angst?« usw. In dieser Phase kommt es dann auch zu autosuggestiven Selbstinstruktionen etwa in der Art – »Ich bin ich selbst! Ich fühle mich ganz sicher! Mir kann keiner etwas anhaben!«

Zurücknahme: Am Ende jedes autogenen Trainings, auch wenn es nur einige anfängliche Stufen durchlaufen hat, steht die Zurücknahme. Das heißt, der Klient wird nicht unvermittelt in die Realität zurückgeführt. Die Anweisung heißt: »Arme fest, tief atmen, Augen auf.«

Klinische Anwendungen

Das autogene Training ist ebenso wie andere Entspannungstechniken zur Prophylaxe und Bekämpfung allgemeiner Streß-Symptome wie dem Gefühl von Überlastung und vegetativer Überfunktion beliebt. Auch als Gegenmaßnahme bei frei flottierender Angst. Es hat daher als psychohygienische Maßnahme eine relativ große Bedeutung. Darüber hinaus dient es als unspezifische Lebenshilfe mit dem Ziel größerer Verinnerlichung und Stabilisierung des Selbstvertrauens. Das autogene Training wird aber auch bei vielen psychosomatischen Beschwerden spezifisch angewendet.
Atemstörungen: Erfolgreich wurde das autogene Training bei Asthma bronchiale eingesetzt, weniger erfolgreich bei Hyperventilation.
Herz-Kreislauf: Bei psychosomatisch bedingten Herzbeschwerden (Herzphobie) ist die Methode erfolgreich eingesetzt worden, ebenso um Angina-pectoris-Anfällen vorzubeugen. Außerdem ist es bei verschiedenen Unregelmäßigkeiten im EKG zur Korrektur verwendet worden. Weniger wirksam scheint es bei essentieller Hypertonie zu sein. Empfohlen wird hier gelegentlich eine Kombination von Medikamenten mit dem autogenen Training. Bei Spannungskopfschmerzen ist es wirkungsvoll, bei Migräne hat es vermutlich nur Placebowirkung.
Magen-Darmbereich: Über die therapeutische Wirkung bei Magengeschwüren, Verstopfung und anderen Symptomen ist bisher wenig bekannt, allerdings treten oft Störungen in Form von Verkrampfungen und Unlustempfindungen in diesem Bereich auf, wenn der Klient hier eine pathologische Vorgeschichte hat.
Weitere Anwendungen: Von den endokrinen Störungen ist das autogene Training bei Schilddrüsenüberfunktion eingesetzt worden und zur Verringerung des Zuckerspiegels. Eine Verminderung der Schmerzempfindlichkeit wird herbeigeführt, insbesondere durch Anhebung der Reizschwellen, wie auch durch Vermeidung von Krämpfen oder lokalem Blutstau, aber auch durch die Ablenkung der Aufmerksamkeit. In diesem Sinne ist es auch bei der Geburtshilfe (Read) verwendet worden.
Psychische Störungen: Bei Angstzuständen sowie Einschlafstörun-

gen kann das autogene Training helfen. Neuerdings wird die Behandlung bei psychotischen Störungen berichtet. Psychoanalytisch wird es wie die Hypnose (s.u.) zur Bewußtmachung verdrängten Materials herangezogen.
Bei bestimmten Störungen erscheinen Entspannungsverfahren generell nicht oder nur unter ärztlicher Kontrolle indiziert. Dazu gehören Kreislaufbeschwerden und epileptische Anfälle.

Biofeedback

Das autogene Training kann als eine Rückkopplung vegetativer Vorgänge beschrieben werden. Diese Rückkopplung gelingt uns normalerweise nicht, weil die Sensibilität dafür zu wenig ausgebildet ist. Durch Training und Konzentration kann man jedoch die vegetativen Vorgänge wie Muskelerschlaffung, Gefäßerweiterung, Herzfrequenz, Atmung usw. wahrnehmen und mit Hilfe dieser Wahrnehmung eine Veränderung der entsprechenden Prozesse bewirken. Abgesehen von dieser bewußten Wahrnehmung vegetativer Prozeße, die zwar vorhanden, aber unvollkommen ist und eines Trainings bedarf, gibt es natürlich neurophysiologische Rückkoppelungsmechanismen im ganzen Organismus. Andernfalls würde die Regulation der inneren Organe ja nicht selbständig funktionieren. Neben diesen körpereigenen Feedbackschleifen sind in den letzten 10 Jahren externe Feedbackschleifen mit Hilfe elektronischer Meß- und Analysevorrichtungen entwickelt worden. Es werden Herzschlag, Muskeltonus, EEG-Tätigkeit, Atmung, Blutdruck und andere interne Stellgrößen mit entsprechenden Sensoren

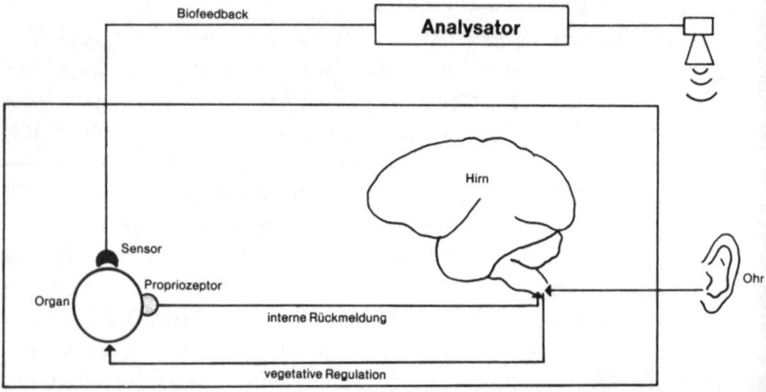

Abb. 11.6: Schema einer auditiven Rückkoppelung im Biofeedback

gemessen und nach einer bereinigenden Analyse (Zusammenfassung, Differenzenbildung, Summation), Verstärkung und schließlich Umwandlung in ein optisches und akustisches Signal dem Individuum zugänglich gemacht.
Biofeedback wird für verschiedene Zwecke eingesetzt; unter anderem zur Behandlung von Bluthochdruck. Es kann aber auch zur Beschleunigung der Entspannungsreaktion verwendet werden. Dazu wird typischerweise das Elektromyogramm (EMG) verwendet, d.h. die Ableitung des Muskeltonus und zwar entweder von der Stirn, vom Unterarm oder von der Kaumuskulatur. Der Muskeltonus wird dem Klienten etwa auf ein Oszilloskop als Linie dargeboten, die die Veränderung in einem bestimmten Zeitraum (etwa den vorangehenden zwei Minuten) darstellt. Die Unterarmableitung beispielsweise ist ein Versuch, das Schweregefühl zu objektivieren. Besonders effektvoll läßt sich das EMG-Feedback für die Entspannung schwieriger Muskelpartien einsetzen, wie z.B. der Frontalismuskulatur (Stirn). Die bisherigen Erfahrungen dazu (siehe Birbaumer, 1975) haben gezeigt, daß die Entspannung mit Hilfe von akustischem oder optischem Feedback schneller geht als progressive Relaxation und autogenes Training. Außerdem werden dadurch spontane Muskelaktivitäten (Zuckungen) besser unterbunden. Hinzu kommt besonders beim untrainierten Klienten der Effekt, daß die deutliche und sofortige Rückmeldung dem Individuum das Gefühl der Selbstkontrolle vermittelt und damit die Motivation zu weiterem Entspannungstraining verstärkt. Dabei korreliert übrigens der subjektiv eingeschätzte Grad der Entspannung nicht unbedingt mit der objektiv nachweisbaren Tonussenkung. Ebenso wie andere Entspannungstechniken verstärkt das Biofeedback die Wirkung von muskelrelaxierenden Präparaten.
Bei Spannungskopfschmerzen ist das EMG-Feedback (von der Stirnmuskulatur abgeleitet) erfolgreich eingesetzt worden und hat sich anderen Entspannungsverfahren häufig als überlegen gezeigt. Kritisch ist allerdings die Übertragung des Entspannungseffektes auf alltägliche Situationen, in denen das Biofeedbackgerät nicht verfügbar ist. Hierin ist ein Nachteil gegenüber dem autogenen Verfahren zu sehen. Bei Migräne, die als abnorme Verengung und Erweiterung der Blutgefäße des Kopfes aufgefaßt wird, wird mit Hilfe des Biofeedback die Durchflußgeschwindigkeit des Blutes in der Schläfenarterie erfaßt. Eine solche Rückmeldung ermöglicht eine willkürliche Beeinflussung dieses und anderer Gefäße der Kopfregion im Sinne der Gegensteuerung zum Migräne-Zustand. Biofeedback ist auch zur Produktion von Alphawellen im EEG verwendet worden. Der Zusammenhang mit der Entspannungsre-

aktion ist jedoch unklar. Alphawellen treten anfänglich auf, verschwinden aber teilweise wieder. Näheres zum Biofeedback siehe Birbaumer (1979).

11.4 Meditation

Das duale Bewußtsein

Ebenfalls als Methoden zur Herbeiführung der Entspannungsreaktion können die verschiedenen Formen der Meditation angesehen werden. Meditation wird in östlichen Kulturen seit mehr als 1000 Jahren geübt und hat in der letzten Zeit auch in den westlichen Ländern Verbreitung gefunden. Die progressive Relaxation benutzt den Weg über die Propriozeptoren bei der muskulären Bewegung, um den Entspannungszustand zu erzeugen. Das autogene Training und das Biofeedback greifen direkt in das vegetative Nervensystem ein. Die hypnotischen Verfahren benutzen die Konzentration auf körperliche Vorgänge, wie das Levitationserlebnis oder die Ermüdung durch Fixation (s. u.). Darüber hinaus verwendet die Hypnose auch die Methode der selektiven Aufmerksamkeit, die auf einen vorgestellten Gegenstand gerichtet wird. Die ver-

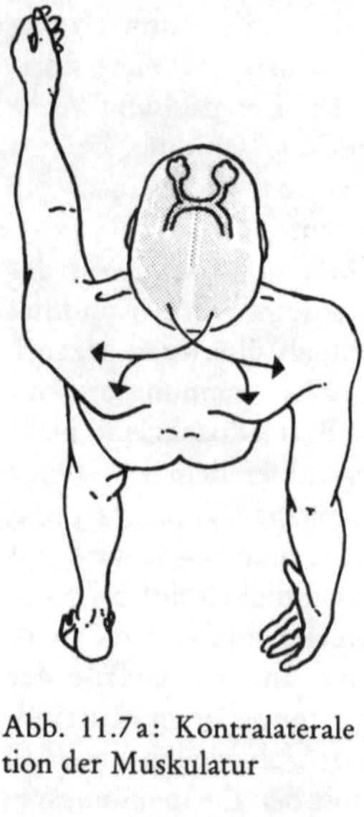

Abb. 11.7a: Kontralaterale Innervation der Muskulatur

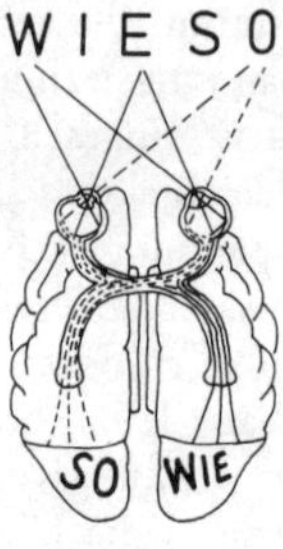

Abb. 11.7b: Kontralaterale Abbildung der Gesichtsfeldhälften im Okzipitallappen

schiedenen meditativen Techniken versuchen den Entspannungszustand oder viel allgemeiner: die Kontrolle von Körpervorgängen ebenfalls durch selektive Aufmerksamkeit allein in der Vorstellung zu erzeugen. Dazu begibt sich der Meditierende in eine ungestörte Situation und konzentriert sich auf seine Atmung, bestimmte Wortklänge und verschiedene andere Vorstellungen, um die Fluktuation der Aufmerksamkeit einzuschränken. Es werden zwei Arten der Meditation unterschieden, die konzentrative Meditation und die entfaltende Meditation. Während die konzentrative Meditation eine Selbstversenkung anstrebt, steht bei der entfaltenden Meditation eine bewußtere, aktivere Auseinandersetzung mit den Lebensvorgängen im Vordergrund. Um die Phänomene der Meditation richtig einordnen zu können, muß man etwas weiter ausholen.

Das Großhirn ist symmetrisch angelegt und bekanntlich werden die beiden (ebenfalls symmetrischen) Körperhälften kontralateral, d. h. von der jeweils anderen Hälfte des Gehirns gesteuert. Ebenso nimmt der Cortex die Sinnesinformationen von den symmetrischen Sinnesorganen z. T. kontralateral auf. Zwischen den beiden Hirnhälften besteht eine Verbindung (Balken), der einen Austausch der Information ermöglicht. Bei Epileptikern wurden früher manchmal diese Querverbindungen durchgetrennt, um eine Ausweitung der Anfälle zu vermeiden. Diesen Patienten merkt man im normalen Alltag nichts an, nur in speziellen Versuchsanordnungen, in denen die rechte und die linke Hirnleistung separat betrachtet werden, macht sich die Trennung der Hirnhälften bemerkbar (Split-brain Patienten, Sperry, 1964). Durch die Versuchsanordnung (Abbildung 11.8) wird in der rechten Hirnhälfte die linke Hälfte des Gesichtsfeldes abgebildet, also das »B«. Wegen der Durchtrennung des Balkens gelangt diese Information nicht in die linke Hirnhälfte. Ebenso umgekehrt. Wenn man die Patienten fragt, was sie sehen, identifizieren sie verbal den Buchstaben »R« und nichtverbal durch Hindeuten mit der linken Hand den Buchstaben »B«. Die rechte Hirnhälfte steuert also die linke Hand und nimmt die linke Hälfte des Gesichtsfeldes wahr. Soweit funktionieren beide Hirnhälften symmetrisch. Darüber hinaus hat sich aber beim Menschen eine deutliche Asymmetrie entwickelt, die bei den höheren Säugetieren noch nicht vorliegt: In der linken Hälfte liegen die Sprachzentren, für die es in der rechten Hälfte (und bei den Tieren) keine Entsprechung gibt. Daher unterscheidet sich bei den genannten Patienten die sprachliche und die »linkshändige« Aussage.

Die Sprache ist sicher die Eigenschaft, die dem Menschen gegenüber

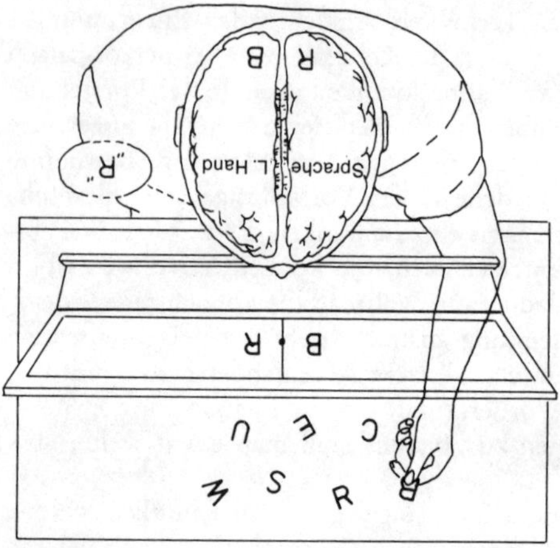

Abb. 11.8: Experiment mit Split-brain-Patienten

der Tierwelt seinen enormen evolutionären Vorsprung verschafft hat – ein Vorsprung, der sich in den Augen mancher Skeptiker schon zum Nachteil entwickelt hat. Mit der Sprache verknüpft ist eine bestimmte Art des Denkens, die man als linear, kausal, zeitlich gerichtet bezeichnet. Wir können sprachlich weder mehrere Ereignisse gleichzeitig, noch einen räumlichen Eindruck zu einem bestimmten Zeitpunkt wiedergeben. Insofern ist die Sprache eine verarmte Darstellung unserer Erfahrung.

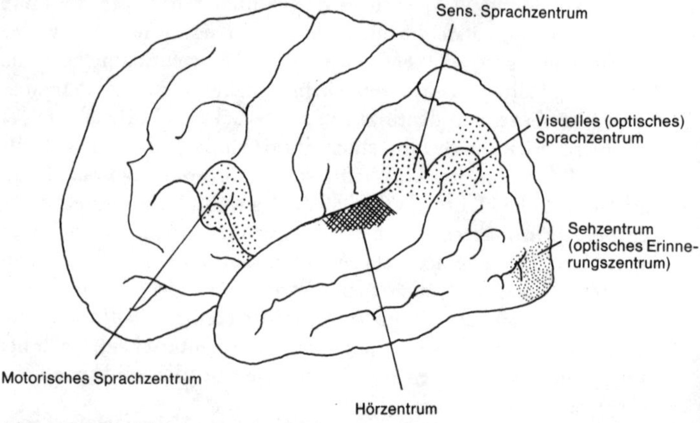

Abb. 11.9: Sprachzentren

Auf der anderen Seite leistet die Sprache eine Analyse des Umweltgeschehens in kausalverkettete Ereignisse. Das ist zur Herstellung von Modellen äußerst nützlich, die eine Manipulation der Umwelt anstreben. Die linke Hirnhälfte hat auf diese Weise einen ganz anderen Denk- und Bewußtseinsmodus erworben als die rechte. Man kennt diese Unterschiede zum Teil aus Ausfalluntersuchungen. Musiker mit Hirnverletzungen links können z. B. nicht mehr Noten lesen, wohl aber gehörte Musikstücke erfassen und richtig reproduzieren. Bei Musikern mit Hirnverletzung rechts fällt u. U. das gehörmäßige, ganzheitliche Erfassen von Musikstücken aus, während das Notenlesen erhalten bleibt. Rechts wird auch die Erinnerung an Gesichter und die Raumwahrnehmung lokalisiert. Insgesamt werden eine Reihe von Unterschieden den beiden Hirnhälften zugeschrieben, wie sie etwa Ornstein (1976) zusammengestellt hat.

Tab. 11.2: Bewußtseinsmodus der rechten und linken Hirnhälfte

Linke Hirnhälfte	*Rechte Hirnhälfte*
Yang	Yin
männlich	weiblich
Tag	Nacht
analytisch	ganzheitlich
rechte Körperhälfte	linke Körperhälfte
begriffliches Bewußtsein	intuitives erweitertes Bewußtsein
Zeit	Raum

Es besteht die Annahme, daß in unserer westlichen Zivilisation das analytisch-lineare Denken der linken Hirnhälfte so dominant (weil streckenweise so erfolgreich) geworden ist, daß unter normalen Lebensumständen unser ganzes Denken davon bestimmt wird. Meditation und viele andere Techniken zielen nun darauf ab, diese beiden Bewußtseinsmodi gleichberechtigt zur Geltung kommen zu lassen bzw. den Modus der rechten Hälfte, den intuitiven ganzheitlichen, zeitweilig in den Vordergrund treten zu lassen. Linkes und rechtes Hirn sind komplementär in ihren Leistungen und sollen sich ergänzen, so wie es die Chinesen im Yin und Yang darstellen.

Abb. 11.10: Chinesisches Symbol der Ganzheit und Komplementarität

Wir »hören« normalerweise nicht auf unsere inneren Signale, die von Vorgängen unseres Körpers ausgehen – sie werden weitgehend autonom (durch das ANS) geregelt und erfordern daher keine Aufmerksamkeit. Diese Signale sind aber da und können uns sehr nützlich sein, da wir durch sie Körpervorgänge beeinflussen können: Entspannung, Kreislauf, Verdauung, sogar chemische Vorgänge wie Cholesterin- oder Blutzuckerspiegel. Die konzentrative Meditation zielt darauf ab, die linke Hirnhälfte und den damit verbundenen Bewußtseinsmodus zu dämpfen und das intuitive Denken der rechten Hirnhälfte zu stärken. Zugleich wird damit die Wahrnehmung der Außenwelt ein wenig entzogen und für die Körpervorgänge empfänglicher gemacht – um eine bekannte Metapher zu verwenden: Wie man die Sterne erst sieht, wenn das Tageslicht verschwindet. Die zeitweilige Dämpfung der Außenwahrnehmung (Tageslicht) hat einen zweiten Effekt zur Folge: Hinterher ist alles neu, wie nach einer Reise. Das Gewohnte unserer Umgebung, das sonst aufgrund der Habituation nicht mehr wahrgenommen wird, tritt wieder deutlicher vor Augen. Wir sehen Dinge, die wir sonst übersehen.
Wie die Unterdrückung der linken Hemisphäre und die Lenkung der Wahrnehmung nach innen genau zusammenhängen, ist bisher nicht bekannt. Jedenfalls ermöglicht die Meditation beides: Die Regulation der autonomen Funktionen und das ganzheitlich intuitive Bewußtsein. Ein dritter Aspekt dieses Vorganges ist die Erlebnisaktivierung, die u.U. eintritt (wie auch im hypnotischen Zustand): z.B. im katathymen Bilderleben aber auch bei ekstatischen Vorgängen.

Konzentrative Meditation

Trotz Verschiedenartigkeit der einzelnen Meditationsformen lassen sich eine Reihe von Gemeinsamkeiten feststellen. Der Meditierende begibt sich in eine abgeschiedene, reizarme Situation und führt die Versenkung in der Sitzposition durch (Fersensitz oder Lotussitz), um nicht einzuschlafen. Als Ziel der Meditation kann einmal die Entspannung, d.h. die Beseitigung körperlicher Streß-Reaktionen angesehen werden, wie es auch beim autogenen Training und der progressiven Relaxation der Fall ist. Die teilweise trophotrope Umschaltung des Organismus verhindert die Alarmreaktionen und die damit verbundene aktivierende (sympathikotone) Innervation der Organe. Dadurch tritt das Gefühl der allgemeinen Beruhigung und Gelassenheit ein.

Eine zweite Funktion der Meditation ist darin zu sehen, daß bei tiefer Versenkung dem normalen (»linken«) Bewußtseinsmodus nicht zugängliche, häufig konflikthafte Inhalte bewußt werden, ähnlich wie sie bei der Hypnose oder bei der tiefen autogenen Versenkung zutage treten. Bei der gleichzeitig vorhandenen physiologisch nachgewiesenen Entspannungsreaktionen ist es möglich, diese Inhalte gelassen und angstfrei zu erleben und damit einen ersten Schritt in Richtung auf eine Bewältigung zu tun. Es ist denkbar, daß in hypnotischen oder meditativen Zuständen diese Inhalte erinnert und neu durchlebt werden können. Da dies angstfrei geschieht, bringt es eine Stärkung des Grundvertrauens mit sich. Dazu kommen die Möglichkeiten der Aktivierung des rechten Bewußtseinsmodus mit seiner intuitiven Denkform und seinen kreativen Möglichkeiten.

Methoden

Es werden viele Methoden praktiziert, den meditativen Versenkungszustand zu erreichen. Die *Atem*-Meditation besteht lediglich im Zählen der Atemzüge von 1–10 und dann wieder von vorn. So wird die ganze Aufmerksamkeit auf den Vorgang des Atmens gelenkt. Man versucht in der Wahrnehmung dem Atemstrom durch die Nase und durch den Körper zu folgen. Damit wird auf gleichmäßige Atmung geachtet und auf ein allmählich länger werdendes Ausatmen, verglichen mit dem Einatmen. Das führt physiologisch zu einer Ruhigstellung im Sinne der Entspannung.
Besonders verbreitet ist die *Mantra*-Meditation. Dabei wird ein besonderes Wort, das vom Meditierenden i.a. geheimgehalten wird und für ihn eine persönliche Bedeutung gewinnt, ständig innerlich aufgesagt. Solche Worte sollen klanglich angenehm sein und es gibt bestimmte Überlegungen über die vorkommenden Vokale und die dabei auftretenden Resonanzen im Körper. Außerdem sollen die Mantras mit dem Vorgang des Atmens verknüpft werden. Ein bekanntes Wort ist das tibetanische Om-Ah-Hum (oder: Omanipadmehum). Dabei wird beim Einatmen die erste Silbe, beim Ausatmen etwas verlängert die zweite Silbe und in der Pause bis zum nächsten Atemzug die dritte Silbe innerlich aufgesagt.
Andere Meditationen gehen über die Eigenfarbe (vgl. autogenes Training) über die Vorstellung einer Zahl oder das Schauen: *Tratakam*-Meditation (Nase, Vase, Landschaft). Auch das Anhören von Musikstücken wird zur Meditation verwendet. Bekannt ist auch das Anstarren von meist runden, symmetrischen Ornamenten –

den *Mandalas.* Solche Figuren lassen vielfache Sichtweisen zu: Was ist Figur und was ist Grund, welche Ebene liegt räumlich vor welcher usw.

Abb. 11.11: Mandala als Objekt zur konzentrativen Meditation

Das Zählen der Atemzüge, das Wiederholen von Mantras, das Fixieren von Mandalas, die Konzentration auf Vorstellungen – all diese Aktivitäten scheinen die Aufmerksamkeit zu fixieren und mutmaßlich das analytische Denken der linken Hirnhälfte zu beschäftigen und in seiner Dominanz zu beschränken. Die rechte Hirnhälfte kann dadurch in ihrer Aktivität stärker hervortreten. Einen ähnlichen Zweck scheint auch die *Zen*-Tradition mit der Beschäftigung mit einem Satz zu verfolgen, dessen Inhalt an die Grenzen des Vorstellbaren stößt und damit den rationalen Verarbeitungsmodus überlastet *(Koan).* Zum Beispiel: »Hör auf, zu versuchen. Hör auf, nicht zu versuchen. Hör auf, aufzuhören.« Ebenfalls meditative Effekte haben die ekstatischen Tänze der mohammedanischen Derwische *(Sufi)* – oder die anderer Kulturen. Die Bewegungen sind darin zum großen Teil gleichförmig, dabei steigern sie sich eventuell im Tempo. Eine ähnliche Wirkung haben wahrscheinlich die monotonen Gebete und Gesänge in der christlichen Tradition – oder auch bei den kreisförmigen Bewegungen, mit denen Eskimos Kreise in Steine ritzen, um sich in Ekstase zu bringen.

Therapeutische Effekte der Meditation

Die konzentrative Meditation wie Yoga und Zen dienen dazu

(1) die Wahrnehmung für innere Signale des Körpers insbesondere der vegetativen Regulation zu schärfen und diese Regulation zu verändern (Entspannung).
(2) Sie dient dazu, die Erinnerung an konflikthafte und angstbesetzte Inhalte zu erleichtern und in diesem Zustand der Entspannung zu entschärfen.
(3) Sie dient dazu, die intuitive ganzheitliche Anschauungsweise, vermutlich der rechten Hirnhälfte, zu stärken und aus der Unterdrückung durch die analytische, lineare Anschauungsweise, vermutlich der linken Hirn-

hälfte, zu befreien. So können sich beide Bewußtseinsmodi zu größerer Kreativität ergänzen.
(4) Und sie dient dazu, die Außenwahrnehmung von den Automatismen der gewohnten Kategorisierung und Ausblendung zu befreien, so daß wir alte Dinge und Personen wie neu wahrnehmen (weniger abgestumpft).

Es liegen eine Reihe von empirischen Untersuchungen über die therapeutische Wirksamkeit der transzendentalen Meditation vor (vgl. Schwäbisch & Siems, 1976, S. 53ff.).

- Die Intelligenz steigert sich
- Das Erinnerungsvermögen wird verbessert
- Die Leistung in Rechentests wird besser
- Akademische Leistung im allgemeinen ebenfalls
- Motorische Geschicklichkeitstests weisen Verbesserungen auf
- Erhöhter Blutdruck senkt sich
- Angstkontrolle wird besser
- Schlaflosigkeit läßt nach
- Feldunabhängigkeit nimmt zu
- Einfühlungsvermögen nimmt zu
- Selbstaktualisierung (gemessen am POI, Personal Orientation Inventory von Shostrom) nimmt zu
- Beziehung zu Mitarbeitern werden positiver
- Drogenmißbrauch, Alkoholmißbrauch und
- Zigarettenkonsum nimmt ab
- Gewalttätigkeit bei Gefängnisinsassen nimmt ab.

Während die konzentrative Meditation die Versenkung anstrebt, zielt die *entfaltende* Meditation auf Offenheit gegenüber der Umwelt ab. Sie fördert das bewußte Erleben alltäglicher Vorgänge wie des Gehens, Stehens (z. B. in der Übung »Der Zeuge«) und Beziehungen zu anderen. Eine vorurteilsfreie Anschauungsweise der Umwelt und des Alltäglichen soll das Leben bewußter und reicher machen. Die entfaltende Meditation wird durch die vorherige Vertiefung in sich selbst im Sinne der konzentrativen Meditation begünstigt. Ein Hin- und Herpendeln zwischen beiden Zuständen scheint sinnvoll.
Die Zuwendung zum Leben bringt auch die positiven Erlebnisqualitäten: Die Entspannung kann angstfrei machen, aber selten euphorisch – die positiven Anstöße erhalten wir aus der Auseinandersetzung mit unserer Umwelt. Die entfaltende Meditation zeigt die heilsame Polarität zwischen innen und außen. Es gibt andere solche Polaritäten, zwischen denen der Mensch Balance finden kann:

Fest auf dem Boden stehen – sich vom Konkreten lösen
der Welt zugewendet – sich distanzieren
sein Inneres öffnen – sich zurückziehen.

Zwischen diesen und ähnlichen Extremen liegt die Selbstentfaltung, die etwa Maslow (1968) in seiner Untersuchung kreativer Persönlichkeiten beschrieben hat (s. S. 12).

11.5 Hypnose

Historisches

Hypnotische Erscheinungen sind schon lange bekannt. Verschiedene Formen der Ekstase, der Teufelsaustreibung und der Trance sind seit Urzeiten bei vielen Völkern nachgewiesen. Seit Beginn des Christentums werden in Europa bestimmte psychopathologische Erscheinungen als dämonische Besessenheit angesehen und sind von Exorzisten »behandelt« worden. Die Erscheinungsbilder der Besessenheit sind die gleichen, die man seit Mitte des 18. Jahrhunderts als hypnotische Phänomene beschreibt und die später im 19. Jahrhundert (u.a. von Charcot) als Hysterie klassifiziert wurden: Krampfartige Anfälle, Hellsehen, Erinnerungslücken, Schmerzfreiheit, Lähmungen, Blindheit u.a. Mesmer (1779) hat eine Theorie dieser psychischen Abnormitäten aufgestellt und die Hypnose als Behandlung eingeführt. Er glaubte an ein unsichtbares Fluidum, das das Universum und den Menschen durchströmt. Störungen treten auf, wenn dieses Fluidum im Körper in Unordnung gerät. Der Hypnotiseur kann nun dadurch, daß er von seinem eigenen Fluidum spendet, die Verteilung des Fluidums im Patienten wieder harmonisieren. Dies geschieht durch ›passe‹, indem der Hypnotiseur (auch Magnetiseur genannt) in geringer Entfernung am Körper des Patienten mit seinen Händen vorbeistreicht (vgl. Spanos & Gottlieb, 1979). Über die Wirkung der Hypnose sind seit jeher die wildesten Gerüchte im Umlauf. Angeblich können Menschen dadurch in Automaten verwandelt werden und sind dem Willen des Hypnotiseurs dann völlig ausgeliefert. Ja, er könne sie ohne ihre Zustimmung hypnotisieren und möglicherweise sogar ohne seine persönliche Anwesenheit. Rasputin soll Katharina die Große durch Hypnose in der Gewalt gehabt haben und es wird von Gerichtsverfahren wegen hypnotischer Veranlassung von Mord und Verführung berichtet (Manson Family). Mayer (1937, 1967) berichtet Fälle von Verbrechen in Hypnose, die gerichtlich bekannt worden sind. Weniger phantastisch sind die Berichte über hypnotische Heilungen. Hypnose ist eingesetzt worden, um das Gedächtnis zu erweitern oder aber, um Dinge vergessen zu lassen, um Halluzinationen und Träume wachzurufen, um Geheimnisse preiszugeben, um bestimmte emotionale Zustände herbeizuführen, um ungewöhnliche Belastungen wie Hitze oder Kälte durchzustehen, um Schmerz zu ertragen, um Blasen auf der Haut entstehen und Warzen verschwinden zu lassen und vieles andere mehr.

Tatsächlich ist an vielen von diesen Berichten etwas dran. Beispielsweise gibt es Experimente, wo Personen in extrem überhitzten Räumen unter Einfluß von Hypnose gearbeitet und hinterher berichtet haben, es wäre ihnen vorgekommen wie in einem kühlen Schwimmbad. Über die Frage, ob Personen unter Hypnose etwas tun können, was für sie nachteilig ist, gehen die Meinungen auseinander. Erickson hält dies nicht für möglich. Die Berichte von Mayer sprechen eher dafür.

Die Faszination der Hypnose war immer groß. Zum Beispiel soll die französische Regierung S. A. Mesmer 20000 Francs geboten haben, wenn er sein Geheimnis, Leute in Schlaf oder in Trance zu setzen, preisgäbe. Dies tat er natürlich nicht, weil er gar nicht hätte sagen können, worin das Geheimnis bestand (vage führte er die Hypnose auf magnetische Kräfte zurück). Hypnose wurde von Charcot (um 1880) in Paris verwendet, um an hysterischen Personen hypnotische Suggestionen auszuprobieren. Bei Charcot hat auch Freud gelernt, der später die Hypnose aufgab und durch die Psychoanalyse ersetzte. Die Mißbilligung der Hypnose durch Freud hat vermutlich dazu beigetragen, daß dieses Verfahren lange von der Psychotherapie wenig ernst genommen wurde und erst jetzt wieder mehr Beachtung gewinnt.

Hypnotischer Zustand und Suggestibilität

Hypnose ist ein durch Suggestion herbeigeführter, eingeengter, schlafähnlicher Bewußtseinszustand mit vegetativen Veränderungen. Hypnose ist ebenso wie die Entspannung eine Umschaltung der vegetativen Regulation auf einen trophotropen Zustand. Sie wird aber nicht durch inneres Feedback (AT) oder äußeres Biofeedback erreicht, sondern extern durch Suggestion, d. h. durch eine andere Person, die den Hypnotisanden durch Instruktion in diesen Zustand versetzt. Allerdings geht der Hypnotiseur derart genau auf Vorgänge im Klienten ein, daß er als menschlicher Biofeedbackmechanismus bezeichnet werden kann.

Objektiv zeichnet sich eine Person in Hypnose oder Trance durch veränderte Stimmqualität, geglättete Gesichtszüge, fehlende Schreckreaktionen, Verlangsamung der Reflexe (Wegfall des Schluck- und Lidschlagreflexes), Pulsverlangsamung, Verlangsamung der Atmung aus. Außerdem zeigt die hypnotisierte Person eine verbesserte bildliche Vorstellung und bildliche Erinnerung, nimmt Dinge eher wörtlich, hat ein geringeres Bedürfnis, die Kontrolle zu behalten, d. h. gibt sie leichter an eine Vertrauensperson ab und zeigt eine verminderte Tendenz zur Überprüfung der Realität. Sie nimmt daher leichter Suggestionen an (Amnesie, Regression, Anästhesie, Katalepsie usw.). Subjektiv ähnelt der hypnotische Zustand dem des Halbschlafs. Man empfindet eine Abneigung zu agieren (sprechen, bewegen) und zu analysieren, fühlt sich eher treibend, meist gelassen und hat häufig hinterher eine Erinnerungslücke. Insgesamt herrscht eine passive, rezeptive Haltung und ein Gefühl des Wohlbehagens vor.
Mit zunehmender Tiefe der Hypnose stellen sich folgende subjektive Erfahrungen ein (Hilgard, 1977):
- Vom Hypnotiseur wird allmählich nur noch die Stimme wahrgenommen
- Die Umgebung verblaßt ganz allgemein
- Die Zeit wird bedeutungslos
- Das eigene Körpergefühl schwindet
- Empfindungen der Friedlichkeit treten auf
- Empfindungen der unbegrenzten Macht über sich selbst
- Vorübergehende Amüsiertheit über den hypnotisierten Zustand

Der hypnotische Zustand (Trance) wird von manchen Autoren als Sonderzustand bezeichnet, in dem das Individuum die Umwelt und sich selbst anders erlebt. Wir erleben diesen Zustand jedoch auch ohne formale Hypnose, wenn wir im Tagtraum alles um uns vergessen oder fasziniert einer Erzählung zuhören (Alltagstrance). Der hypnotische Zustand ist kein Alles oder Nichts-Phänomen, sondern er kann verschieden stark ausgeprägt sein und wird mit zunehmender Übung tiefer und schneller erreicht. Es ist in jedem Fall ein Zustand, auf den sich die Versuchsperson selbst einläßt. Der gemeinsame Nenner vieler hypnotischer Phänomene ist die *Dissoziation* (Hilgard, 1977). Ebenso wie wir das Bewußtsein abspalten können, daß wir Schuhe oder Kleidung tragen, können wir die Empfindung von Teilen unseres Körpers, bestimmte gedankliche Inhalte oder Bewertungskriterien (rationale Analyse) dissoziieren. Zu gleicher Zeit können andere Bewußtseinsinhalte, die normalerweise dissoziiert sind, mehr in den Vordergrund treten: Bilder, Erinnerungen, physiologische Signale. Das alles kann natürlich auftreten oder durch Suggestion gefördert werden. Menschen sind für Suggestion unterschiedlich empfänglich. Suggestibilität wird von manchen Autoren als Persönlichkeitsmerkmal betrachtet wie etwa Extraversion oder Intelligenz. Suggestibilität ist besonders von Hilgard und Mitarbeitern untersucht worden (Weitzenhoffer & Hilgard, 1959). Diese Autoren haben eine Skala entwickelt, die aus 12 Testaufgaben besteht, die bekannte hypnotische Phänomene darstellen. Andere Autoren haben ebenfalls solche Tests zusammengestellt (z. B. Barber, 1972).

Tab. 11.3: Die Übungen der Stanford Hypnotic Susceptibility Scale (SHSS) (Weitzenhoffer & Hilgard, 1959)

Suggestion	Form A	Form B	Kriterium
1. Rückwärtsfall	in beiden Formen	gleich	Verlieren des Gleichgewichts
2. Lidschluß	in beiden Formen	gleich	ohne Zwang erfolgt
3. Senken der ausgestr. Hand (durch Schwere)	links	rechts	mindest. 15 cm
4. Unbeweglichkeit der Arme	rechts	links	weniger als 2,5 cm
5. Händefalten	vor der Brust	über dem Kopf	unvollständ. Trennung innerh. von 10 sec
6. Steifheit des Armes	links	rechts	weniger als 5 cm gebeugt
7. Bewegung der Hände	zusammen	auseinander	mindest. 15 cm Abstand
8. Sprechhemmung	Name	Heimatort	kein Aussprechen
9. Akustische Halluzination	Fliege über dem Kopf	Mücke an der Hand	jede Reaktion
10. Augenkatalepsie	in beiden Formen	gleich	kein Öffnen der Augenlider
11. Posthypnotischer Auftrag	Platz wechseln	aufstehen strecken	keine Bewegung nach dem Signal
12. Amnesie	in beiden Formen	gleich	nur drei oder weniger Items werden erinnert

Die Testaufgaben der Stanford Hypnotic Suggestibility Scale (SHSS) sind von Halder, Junkers & Latka (1972) für deutsche Verhältnisse adaptiert worden. Die Autoren haben herausgefunden, daß die Übungen der Suggestibilitätsskala in drei Gruppen zerfallen. Die Aufgaben 1, 2, 3 und 7 enthalten positive Suggestionen und sind die leichtesten Aufgaben. Sie werden durchschnittlich von 64% aller Personen erfüllt. Die Aufgaben 4, 5, 6, 8 und 10 sind negative Suggestionen und provozieren leicht den Widerspruch des Hypnotisanden (»Challenge-Items«). Sie werden von durchschnittlich 35% der Personen erfüllt. Die schwierigsten Aufgaben (9, 11, 12) sind kognitive Aufgaben: Amnesie, Aufträge und Halluzinationen. Sie werden nur noch von durchschnittlich 29% aller Versuchspersonen erfüllt.

Tab. 11.4: Suggestibilitäts-Übungen der Stanford Skala (SHSS). Statistische Analyse nach Halder et al. (1972)

Übung	Korrelation mit Gesamtwert	Schwierigkeit	Beschreibung der Aufgabe	
1	.46	49%	Rückwärtsfall	
2	.47	57%	Lidschluß	positive
3	.45	79%	Senken der Hand	Suggestion
7	.41	69%	Bewegung der Hände	
4	.57	32%	Unbeweglichkeit der Arme	
5	.63	39%	Händefalten	negative
6	.61	36%	Armsteifheit	Suggestion
8	.57	32%	Sprechhemmung	
10	.68	29%	Augenkatalepsie	
9	.50	31%	akustische Halluzination	kognitive
11	.54	26%	posthypnotischer Auftrag	Suggestion
12	.58	29%	Amnesie	

Eine andere bekannte Testaufgabe zur Suggestibilität ist der sogenannte *Chevreulsche Pendelversuch*, in dem ein Pendel zwischen zwei Fingern gehalten wird. Es wird dann eine bestimmte Bewegung (Nord-Süd- oder Ost-West- oder Kreisbewegung) suggeriert: »Sie stellen sich vor, das Pendel bewegt sich in nord-südlicher Richtung, usw ...« Eine derartige Suggestion wird von der Versuchsperson mitgedacht und es kommt zur sog. *ideomotorischen* Bewegung: Danach finden beim Denken einer Bewegung unterschwellige Innervationen der entsprechenden Muskelpartien statt. Die resultierenden minimalen Bewegungen werden mit Suggestion und verbaler Rückmeldung durch den Therapeuten (»Das Pendel bewegt sich jetzt deutlich in dieser und dieser Richtung«) verstärkt. Analog wird ein Mechanismus der *Ideosensorik* postuliert (Erickson & Rossi, 1981), um die Wirkung der Suggestion von Empfindungen bzw. Empfindungslosigkeit zu erklären.

Im weiteren Sinne zeichnen sich suggestible Personen durch die Tendenz zur Toleranz gegenüber Widersprüchen, zur Übernahme unterschiedlicher Rollen, zur Bereitwilligkeit, Verantwortung aufzugeben, Vertrauen in zwischenmenschliche Beziehungen zu setzen, Toleranz gegen Störungen von außen u.a. aus. Sie haben außerdem eine lebhafte Phantasie, Interesse an eigenen inneren Vorgängen (im Gegensatz zu Leistungsorientiertheit und Konkurrenzdenken), große innere Unabhängigkeit, reiche subjektive Erfahrung und keine Angst, sich anderen auszuliefern oder die Kontrolle zu verlieren.

Das Merkmal der Suggestibilität, wie es mit der Skala von Weitzenhoffer & Hilgard gemessen wird, ist im Gegensatz zu den meisten anderen psychometrischen Merkmalen bimodal verteilt (siehe Abb. 11.12). Hilgard vermutet hier zwei Komponenten: Die eine, die den ersten Verteilungsgipfel ausmacht, dürfte die *Bereitwilligkeit* einer Person sein, Instruktionen zu folgen. Der kleinere Gipfel auf dem oberen Ende der Skala dagegen scheint Menschen mit einer besonderen *Fähigkeit* darzustellen (Dissoziation), nämlich die, ver-

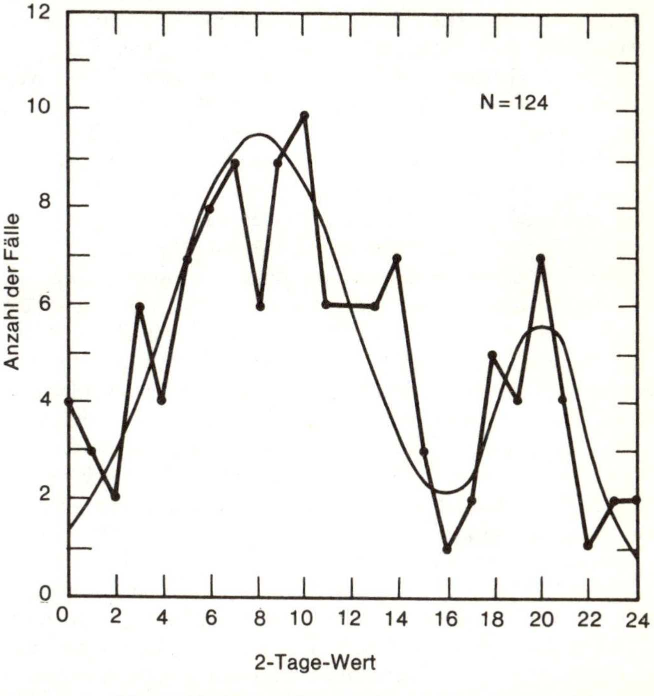

Abb. 11.12: Die empirische Verteilung der Testwerte im Suggestibilitätstest (Weitzenhoffer)

schiedene Kognitionen isoliert nebeneinander bestehen zu lassen, wie z. B. einen posthypnotischen Auftrag (Amnesie) neben dem Alltagsbewußtsein.

Direkte Induktionsmethoden

Man unterscheidet zwischen direkten und indirekten Verfahren zur Einleitung der Hypnose (Trance). Beide Verfahren setzen die Bereitschaft des Klienten voraus, wobei die direkten Methoden eher geeignet sind, Widerspruch herauszufordern. Bei den indirekten Verfahren nimmt sich der Hypnotiseur mehr Zeit, die Möglichkeit der Befolgung einer Suggestion behutsam anzudeuten. Der Hypnose entgegenstehende Vorstellungen können auch dann vorliegen, wenn ein grundsätzliches Interesse an Trance und Therapie vorhanden ist. Derartige Haltungen wie »Mir ist nicht so leicht zu helfen«, »Ich habe Angst, die Kontrolle zu verlieren«, hindern den Klienten oft darin, sich effektiv mit einem Problem auseinanderzusetzen, und neue Möglichkeiten zu erforschen. Der Therapeut kann diese Haltung respektieren, indem er lediglich indirekte Angebote über mögliche Veränderungen (z. B. auch das Zulassen einer Trance) macht, die der Klient annehmen kann, aber nicht muß. In solchen Fällen wirkt sich der »Widerstand« nicht nachteilig auf die Interaktion zwischen Klient und Therapeut aus.

Hypnose steht in dem Verruf, daß sie eine Machtausübung über Personen gegen deren Willen ermöglicht. Im Gegensatz zu dieser allgemein verbreiteten Meinung, die durch Schaubuden-Hypnotiseure und Showdarbietungen gefördert wird, ist Hypnose ein Zustand, den man sich nur von Personen vermitteln läßt, zu denen eine positive Beziehung, ein Vertrauensverhältnis besteht. Die Trance wird immer von dem Betroffenen gewollt. Der Kommentar auf die eigene Willfährigkeit ist nachher typischerweise: »Ich hätte anders können, aber ich wollte nicht.« Der Hypnotisierte kann jederzeit mit eigenem Willen den hypnotischen Zustand beenden.

Vor der Einleitung der Hypnose ist der Klient über den Vorgang der Hypnose aufzuklären. Hier herrschen, wie erwähnt, viele Vorurteile und Angstvorstellungen über die vom Hypnotiseur ausgehende Macht. Es ist wichtig, diese überwiegend ungünstigen Vorstellungen zunächst abzubauen, bevor man mit dem Klienten die Hypnose beginnt. Man sollte den Klienten ferner darauf aufmerksam machen, daß während der Hypnose möglicherweise Erlebnisse und Bilder wachgerufen werden, die für ihn befremdenden Charakter haben können.

Viele Verfahren zur Einleitung der Hypnose verwenden den Weg der selektiven Aufmerksamkeit. Bei der Konzentration auf einen bestimmten Sinnesreiz oder eine bestimmte Vorstellung engt sich das Bewußtsein mehr und mehr ein und bei kortikaler Wachheit wird eine Entspannungsreaktion herbeigeführt. Die bekannteste Methode ist die der *Fixation.* Bei starker Konvergenz der Augen ermüden die entsprechenden Muskel und das Objekt wird unscharf oder doppelt gesehen. Dabei erweitern sich die Pupillen, woran der Hypnotiseur erkennen kann, daß der Ermüdungszustand eintritt. Die Bindehäute trocknen außerdem aus, wenn der Klient versucht, den Lidschluß zu verhindern, was ihm suggeriert wird (brennende Augen). Die Lider vibrieren, was wiederum vom Hypnotiseur erkannt und subjektiv als Schwere vom Klienten wahrgenommen wird. Diese Ermüdungserscheinungen können als Suggestionen angeboten werden, wodurch sich der hypnotische Effekt verstärkt und beschleunigt. Wirksam für die Induktion ist auch die sich ständig wiederholende, monotone und rhythmisch akzentuierende Stimme des Therapeuten. Der Klient sitzt gewöhnlich dem Therapeuten gegenüber und der Therapeut hält seinen Finger, besser einen Gegenstand, der leicht schimmert vor den Klienten, aber etwas seitlich neben sein eigenes Gesicht.

Zeigt der Klient leichte Anzeichen von Widerstand gegen die Hypnose und erscheint es trotzdem sinnvoll, sie durchzuführen, so kann man das Senken der Augenlider und das Schweregefühl schon vor den physiologischen Anzeichen suggerieren und schließlich, falls dies keinen Effekt hat, den Klienten einfach bitten, die Augen zu schließen.

Eine weitere, verbreitete Induktionsmethode des hypnotischen Zustandes ist die sogenannte *Levitation.* Man bittet den Klienten, bequem Platz zu nehmen und schließt folgende Instruktion an:

»Bitte machen Sie es sich ganz bequem und setzen sich so hin, daß Sie sich wohlfühlen und jetzt möchte ich Sie bitten, daß Sie den rechten Arm und die rechte Hand waagrecht vor sich ausstrecken zu mir hin. Ganz locker und natürlich und dabei fühlen Sie sich ganz bequem und entspannt im Stuhl. Achten Sie gar nicht besonders auf die Hand und den Arm, gucken Sie geradeaus vor sich hin und fühlen Sie sich ganz entspannt. Indem Sie so entspannt dasitzen, empfinden Sie, daß Ihre Hand ganz allmählich leichter wird. Sie wird leichter und leichter, leichter und leichter, leichter und leichter und leichter« (etwa noch 10mal).

»Und wie Sie merken, daß Ihre Hand allmählich leichter und leichter wird, wird auch Ihr Arm leichter und leichter, er bewegt sich ganz sanft und leicht nach oben, so als wären die Hand und der Arm an Ballons gebunden, die sich ganz langsam und leicht aufwärts bewegen und die Hand und der

Arm heben sich mit dem Ballon, allmählich höher und höher, höher und höher und höher« (etwa 10mal).
»Und wie die Hand jetzt allmählich leichter und leichter wird, bewegen Sie sie langsam auf Ihr Gesicht zu. Ganz natürlich, ganz leicht bewegen Sie die Hand auf Ihr Gesicht zu. Ganz langsam und leicht bewegt sich Ihre Hand auf Ihr Gesicht zu. Ganz langsam kommt sie näher und näher und näher auf Ihr Gesicht zu und wie die Hand Ihrem Gesicht näher kommt, entspannen Sie sich immer, immer mehr, immer tiefer und tiefer, tiefer (10mal). Immer tiefer und tiefer, langsam in einen tiefen und angenehmen hypnotischen Schlaf. Und wenn die Hand Ihr Gesicht berührt, fallen Sie ganz leicht und ganz schnell in sehr tiefen hypnotischen Schlaf und Ihre Hand bewegt sich langsam, direkt auf Ihr Gesicht zu und wird dabei leichter und leichter« (10mal).
»Und Ihre Hand berührt jetzt Ihr Gesicht und Sie sind jetzt sehr entspannt in einem tiefen hypnotischen Schlaf und wie Ihre Hand ganz leicht das Gesicht berührt, können Sie sich ganz einfach und natürlich zurücklegen in eine bequeme Position. Dabei sind Sie ganz entspannt, tief entspannt, tiefer und tiefer« (10mal).
»Jetzt zähle ich von 1–10 und mit jeder Zahl sinken Sie in eine tiefere und tiefere Entspannung« (Therapeut zählt von 1–10 im Abstand von 3 Sek.).

Bei der Übung schließen sich am Ende die Augen oder falls sie dies nicht von selbst tun, kann es suggeriert werden bzw. der Klient kann dazu aufgefordert werden. Bei Klienten, bei denen größerer Widerstand zu erwarten ist, sind folgende Prozeduren sinnvoll: Der Klient setzt sich bequem in den Stuhl und lehnt sich zurück und wird gebeten, die Augen zu schließen und die Suggestion besteht einzig allein darin, ihm zu sagen, daß er immer müder und müder wird. Eine weitere Möglichkeit ist die, daß man den Patienten mit offenen Augen auffordert, bequem sitzend sich vorzustellen, wie er dort sitzt und dann die Suggestion an dem vorgestellten Modell vornimmt:

»Sie sitzen hier und stellen sich das vor, wie Sie jetzt dort sitzen und werden immer müder, die Augen senken sich langsam und langsam und langsam werden Sie immer schwerer usw.«

Bei Kindern hat sich die »Fernsehtechnik« bewährt: Man fragt, welches ist Deine liebste Fernsehsendung? Und dann denkt sich der Therapeut eine Geschichte aus dem Kontext dieser Fernsehsendung aus – etwa »Lassie«, in der Lassie sehr müde wird.
Alle bisher genannten Verfahren lenken die Aufmerksamkeit auf eine bestimmte sinnliche Wahrnehmung oder Vorstellung. Das Bild der Bleistiftspitze, des ermüdenden Hundes (in der Geschichte von »Lassie«), die monotone und ständig fließende Stimme des Hypnotiseurs (akustisch), die Reizungen des Auges, die Ermüdung

der Augenmuskeln und die Veränderung des Gefühls in dem levitierten Arm (kinästhetisch). Die Fokussierung der Aufmerksamkeit des Klienten bewirkt, daß er sich momentan nicht mehr mit der Analyse der Therapeut-Klient-Interaktion auseinandersetzt. Die Rückmeldung der beobachteten Reaktionen bringt eine starke Zuwendung des Therapeuten mit sich, dessen Genauigkeit in der Beobachtung die Zustimmung des Klienten und dessen positive Einstellung zum Therapeuten fördert. Außerdem kommen die schon erwähnten ideodynamischen Prozesse zur Wirkung (Prokasy & Raskin, 1973): Gedanken können zu minimalen Empfindungen und Bewegungen führen, wie beim Chevreulschen Pendel.

Indirekte Induktionsmethoden

Die beschriebenen Induktionsmethoden sind mehr oder weniger direkt – sie enthalten direkte Aufforderungen oder Zustandsbeschreibungen. Das gibt dem Klienten u. U. Anlaß, sich zu widersetzen bzw. festzustellen, daß die Behauptungen des Hypnotiseurs nicht zutreffen. Für das Vertrauensverhältnis kann dies ungünstig sein. M. H. Erickson (Erickson, Rossi & Rossi, 1978; Erickson & Rossi, 1981) verwendet andere, mehr indirekte Methoden der Tranceinduktion. Sein Induktionsstil sieht aus, wie eine Unterhaltung, in die er den Klienten verwickelt. Dabei macht er eine Vielzahl von Vorschlägen über Denkinhalte, die häufig *Gemeinplätze* sind oder auch *Tautologien,* beides Dinge, die gar nicht falsch sein können.

»Sie müssen nicht nur Positives lernen, sondern auch Negatives –
Eines der negativen Dinge, die Sie lernen müssen, ist das Vergessen –
Etwas zu vergessen, scheint für manche Menschen sehr schwer zu sein.«

Oder er ruft Erinnerungen wach, die jeder gehabt hat.

»Als Sie zuerst im Kindergarten, in der Grundschule waren –
schien das Erlernen von Buchstaben und Zahlen eine unüberwindliche Aufgabe zu sein –
Und später auf der Volksschule entwickeln Sie geistige Bilder für Worte, für Sätze –
Sie entwickelten mehr und mehr geistige Bilder, ohne zu wissen, daß Sie geistige Bilder entwickelten. Und Sie können sich an alle diese Bilder erinnern.«

Der Therapeut beobachtet den Klienten wie bei den direkten Einleitungsverfahren die ganze Zeit genau und nimmt *Veränderun-*

gen in seiner Körperhaltung und seinem Verhalten auf, wie Lidschlagreflex (Verlangsamung), Atmung (Bauchatmung) und Unbeweglichkeit und andere Zeichen der Veränderung. Wenn er sie wahrnimmt, teilt er sie dem Klienten mit. So folgt der Therapeut dem Klienten in seinem Verhalten und Erleben eine Zeitlang, um allmählich Veränderungen, die stärker in Richtung Trance gehen, zu suggerieren. Dieses Prinzip wird »Pacing and Leading« genannt (Folgen und Führen). Die hypnotischen Phänomene können aber auch in allgemeiner Form vorgeschlagen werden (Ideodynamik). Der Klient wird ihnen nicht widersprechen.

»Sie verändern Ihre Atemgeschwindigkeit –
Sie haben Ihren Puls verändert –
Sie haben auch Ihren Blutdruck verändert –
Ohne es zu wissen, zeigen Sie die Unbeweglichkeit, die eine Versuchsperson in solcher Situation zeigen kann –
Sie werden bemerken, daß Ihre Augenlider anfangen zu flattern –
Sie möchten sie schließen.«

Oft gibt er *indirekte Aufforderungen*, indem er über das Gegenteil von dem spricht, was die Person machen soll (»Nicht wissen – Nicht tun«).

»Sie müssen mir nicht zuhören. Sie können ganz mit sich selbst beschäftigt sein, was ich sage, ist ganz unwichtig (statt: Sie fallen in Trance). Sie müssen Ihre Augen nicht aufhalten (statt: Ihre Augen fallen zu). Sie brauchen sich nicht bewegen (statt: Sie sind ganz ruhig).«

Weitere indirekte Methoden sind die *»Ja-Haltung«* und die Doppelbindung. Scheint der Klient Bedenken zu haben, sich in Trance zu begeben, dann kann ihn der Therapeut eine zeitlang Banalitäten fragen, die ständig Zustimmung provozieren (dem Therapeuten bekannte Details):

»Sind Sie verheiratet? ... Ja«
»Sind Sie Ingenieur? ... Ja«
»Ihre Frau arbeitet in einem Büro? ... Ja«
»Beide Kinder gehen zur Schule? ... Ja«
»Sie waren schon einmal verheiratet? ... Ja«
usw.
»Sie würden jetzt gerne in Ruhe gelassen werden? ... Ja«
»Sie empfinden es jetzt als wohltuend, mit sich selbst beschäftigt zu sein? ... Ja«
»Sie können sich an Ihre Schulzeit erinnern? ... Ja«

Dies erzeugt eine Bereitschaft, in der zustimmenden Haltung zu bleiben und dann auch die Hypnose zu akzeptieren. Die nachträgliche Einschätzung der Trance kann im gleichen Sinne verwendet

werden, um die generelle Bereitschaft dazu zu erhöhen: »Haben Sie den hypnotischen Zustand ganz anders erlebt, als den Wachzustand?« Auf diese Frage antworteten 72% der Probanden mit »Ja«. Auf die gegenteilige Formulierung: »Haben Sie den hypnotischen Zustand ganz ähnlich erlebt wie den Wachzustand?« antworteten paradoxerweise ebenfalls die überwiegende Mehrzahl der Probanden mit »Ja« (83%, Erickson & Rossi, 1981). Dies zeigt, wie sehr die Zustimmung von der Formulierung einer Frage abhängt.
Mit der *Bindung* bietet der Therapeut zwei Alternativen an, die der Klient möglicherweise beide ausschlagen würde, wenn sie einzeln zur Wahl ständen:

»Sie spüren eine gewisse Taubheit vielleicht in der rechten Hand oder in der linken.«
»Sie können jetzt oder etwas später in Trance fallen.«

Es wird davon ausgegangen, daß der Klient manchmal wohl die Absicht hat, die Tranceerfahrung zu machen, er aber auch gewisse Bedenken verspürt. Erickson stärkt mit diesen Techniken zunächst den einen Teil der Person, der offenbar behandlungswillig ist. Es gibt auch die Möglichkeit, diese Einwendungen aufzugreifen und zum Gegenstand der Rückmeldung zu machen, um so auf der Metaebene Zustimmung zu provozieren. Dies wird *Utilisation* genannt und entspricht in seiner Funktion dem, was in der GT Akzeptanz und Empathie sind (s. Kapitel 9): Nämlich das Akzeptieren dessen, was immer in Klienten vorgeht und dessen Verwendung in der Interaktion zur Stärkung des Rapports. Erickson erweist sich in seinem Vorgehen in dieser Hinsicht als sehr flexibel. Wenn der Klient sagt, er würde lieber erst eine Zigarette rauchen, empfiehlt Erickson ihm sofort, dieses zu tun und beschreibt dem Klienten während des Rauchens die Wohltat und den Genuß, die er spüren wird, benutzt die Rauchentwicklung zur Fokussierung der Aufmerksamkeit usw. Ein anderer Klient meinte, er müßte unbedingt auf und ab gehen. Erickson ist damit gleich einverstanden und bittet nur darum, das Gehen etwas lenken zu dürfen (zum Bücherbord, zur Wand, zur Tür, zurück ...). Damit fördert er die Ermüdung des Klienten und bietet zum Schluß ganz behutsam die Möglichkeit an, sich im Sessel hinzusetzen und zu entspannen. Sogenannter »Widerstand« wird als Unsicherheit interpretiert und als Wunsch des Klienten, daß der Therapeut ihm mehr entgegenkommt. Dieser kann die Haltung des Klienten aufgreifen »Sie sind sich nicht sicher, was Sie davon halten sollen, sich in Trance zu begeben. Sie kennen diesen Zustand noch nicht gut, Sie zögern, wann Sie sich darauf einlassen sollen. Sie wissen, daß Sie Zeit haben, einzelne Schritte zu tun . . .« Die innere Realität des Klienten (Bedenken, Zögern) wird akzeptiert und es wird indirekt die Möglichkeit aufgezeigt, auf eine Art in Trance zu gehen, die dem Rechnung trägt.

Die Trance ist ein ungewöhnliches Erlebnis, was zunächst der Alltagserfahrung zu widersprechen scheint. Es kann daher wichtig sein, eingeschliffene Denkweisen, die einer neuen Erfahrung im Wege stehen, zu durchbrechen. Ein nützlicher Weg der indirekten Hypnose-Induktion ist daher die Verwirrung des Klienten, z. B.: »Sie können träumen, daß Sie wach sind, obwohl Sie sich in Trance befinden. Oder Sie können tun, als ob Sie in Trance sind, obwohl Sie wach sind. Und obwohl Sie nicht richtig zu wissen glauben, was die Trance eigentlich ist, können Sie das Bedürfnis verspüren, sie zu erleben und tiefer und tiefer sich in Trance zu begeben.« Der Klient weiß nicht, was er mit diesen scheinbar verworrenen Mitteilungen machen soll *(Konfusion)*, die er nicht ganz versteht, hinter denen er jedoch einen Sinn sucht und sich damit beschäftigt. Die Konfusion dient also auch zur Fokussierung der Aufmerksamkeit. Die Sätze dürfen keinesfalls sinnlos sein, sondern wenigstens assoziativ für den Klienten nachvollziehbar.

Erickson meint, die Verunsicherung des Gesprächspartners bereitet ihn darauf vor, eine später angebotene Struktur (hypnotische Induktion, posthypnotische Suggestion) bereitwilliger aufzunehmen. Die Hypnose kann in folgende Schritte zerlegt werden:

Eingeschliffene Denkweisen des Klienten verhindern Umstellung und neue Sichtweisen

Unklare Information durch den Therapeuten

Verwirrung des Klienten

Aufnahmebereitschaft für klärende Suggestionen

Eigentliche Induktion

Therapeutische Suggestionen

Aus diesem Schema geht hervor, daß die Einleitung der Hypnose nur der erste Schritt zu einer Therapie ist und nicht die Therapie selbst.

Insgesamt zeichnen sich die indirekte Art der Trance-Induktionen durch das Vertrauen in die Fähigkeit des Klienten aus, die Trance auf eine ihm angemessene Weise zu erreichen. Ein besonderes

Stilmerkmal der Ericksonschen Hypnose ist das *Einstreuen* von Trance-Suggestionen, wie auch von therapeutischen Suggestionen. In den einleitenden Sätzen der Induktion beim »Pacing and Leading« oder in der Konfusion können immer wieder Worte eingestreut werden, die mit der Trance in Zusammenhang stehen und so die Geläufigkeit des Zustandes »bahnen«: »Sie sehen das schöne Wetter draußen, die Landschaft, die *Ruhe,* die diese ausströmt und die Menschen, die draußen vorbeigehen, die sich vielleicht nach dieser *Ruhe* sehnen. Sie spüren den Stuhl, auf dem Sie sitzen und denken vielleicht an die Klienten, die vor Ihnen sich auf ihm *entspannt* haben ...« Obwohl es Erickson gelegentlich gelang, hypnotische Induktionen in wenigen Minuten durchzuführen, darf nicht übersehen werden, daß er in vielen Fällen dafür mehrere Stunden Arbeit aufwendete.

Hypnotische Phänomene

Ähnlich der Meditation glaubt man mit der Hypnose einen Zustand herzustellen, der das alltägliche Denken vorübergehend unterdrückt (dissoziiert) und unbewußte Inhalte zugänglich macht. Zum Teil wird auch der intellektuelle »Beobachter« wachgehalten, der alles registriert (dieser wird oft mit dem rationalen Denken gleichgesetzt):

»Sie werden jetzt vielleicht lachen, daß Sie so dasitzen und über Ihre Kindheit nachdenken.«

Es ist durchaus nicht klar, ob man Trance einen vertieften eingeengten Zustand oder einen Zustand besonderer Wachheit nennen soll. Erickson spricht davon, daß man Trance während einer normalen Unterhaltung oder sogar während eines Händedrucks erzeugen kann ohne daß sich der Gesprächspartner dadurch hypnotisiert fühlt. Er hebt vier Punkte hervor, die die Wirkungsweise der hypnotischen Trance erklären.

1. Trance ist ein Zustand, in dem die Möglichkeiten und Fähigkeiten des Individuums erweitert werden. Im normalen Wachbewußtsein unterliegen unsere Fähigkeiten gelernten Begrenzungen, die durch übermäßige Kontrolle zustandekommen. In Hypnose *mobilisiert man Reserven.*
2. In der Trance konzentriert man sich auf wenige Inhalte und erlebt sie *intensiver.*
3. In der Trance ist man *empfänglicher* für Signale der inneren Organe und des vegetativen Nervensystems und kann sie auch verwerten.
4. Es geht letztlich darum, die *Kontaktfläche* zwischen dem Unbewußten und Bewußten zu vergrößern.

Aus alledem geht hervor, daß in der therapeutischen Hypnose es nicht darum geht, dem Klienten einen fremden Willen aufzuzwängen. Dies wird durch Vulgärdarstellungen vielleicht nahegelegt. Es geht vielmehr darum, im Individuum verschüttete Potentiale wachzurufen und der Person zu helfen, sie verfügbar zu machen – ähnlich wie diese auch die Gesprächs- und Gestalttherapie für sich in Anspruch nehmen.
Es sind eine Reihe von hypnotischen Phänomenen beschrieben worden:

1. Persönlichkeitsspaltungen
2. Altersregressionen
3. Körperliche Phänomene, Anästhesie, Paralyse, Blindheit u.a.
4. Kognitive Phänomene (Amnesie, posthypnotischer Auftrag).

Als besonders dramatische hypnotische Phänomene werden Persönlichkeitswandlungen berichtet. Dazu folgender Fall, der ursprünglich von William James (1880) berichtet wurde (zit. nach Hilgard, 1977, S. 22).

In der Mitte des 19. Jahrhunderts lebte in Neu-England ein gelernter Schreiner mit Namen Ansel Bourne. Mit seinem 30. Lebensjahr erlebte er unter merkwürdigen Umständen eine vorübergehende Blindheit und Taubheit. Danach wurde er religiös und lebte als Wanderprediger. Insgesamt war er bei guter Gesundheit und machte einen normalen Eindruck.
Am 17. Januar 1887 hob er von seiner Bank 500 Dollar ab, wurde vorerst nicht mehr gesehen. In einer nicht sehr weit entfernt gelegenen Stadt eröffnete ein Mann namens J. A. Brown am 1. Februar desselben Jahres einen Krämerladen mit Süßigkeiten und Papier. Dies erregte kein großes Aufsehen bei den Bewohnern des Ortes. Herr Brown ging seinem Geschäft sehr routiniert nach, so daß man glauben könnte, er hätte dies schon sein Leben lang getan.
Etwa sechs Wochen später (14. März) wacht eben derselbe in seinem Zimmer hinterm Laden erschreckt auf und weiß nicht, wo er sich befindet. Er sagt, er hieße Ansel Bourne und wisse nicht, wie er hierher gekommen sei und was das Ganze bedeute. Man hält ihn zunächst für verrückt, informiert dann aber auf seinen Wunsch seine Familie, die ihn abholt. Später wird er von William James untersucht. Er berichtet, daß er sich nur noch erinnert, das Geld abgehoben zu haben und in den Pferdewagen gestiegen zu sein und weiter nichts.
William James versucht, diese Person zu hypnotisieren und stellt fest, daß er in Hypnose ohne Schwierigkeiten wieder Herr Brown wird. In Hypnose meint er zwar, den Namen Bourne weitläufig zu kennen, kann sich aber nicht genau erinnern. Seine Frau vermeint er, nie gesehen zu haben. Er sieht insgesamt sehr alt aus und berichtet, daß er jetzt endlich Ruhe haben müsse, um sich zu erholen. Es stört ihn, daß sein erinnertes Leben lediglich zwei Monate beträgt. Was er davor war, kann er nicht sagen. James hoffte, in der

Hypnose die beiden Persönlichkeiten vereinigen zu können, was ihm aber nicht gelang.

Schon Janet beschrieb hypnotische Phänomene als Dissoziation bestimmter Bewußtseinsinhalte. In dem geschilderten Fall wurde offenbar die Erinnerung ganzer Lebensphasen abgespalten und war nicht mehr verfügbar. In dem genannten Fall geschah dies sowohl ohne als auch mit Induktion eines Trancezustandes.

Ebenfalls überraschend sind häufig die Effekte der hypnotischen *Altersregression.* Hierbei versetzt sich der Hypnotisand in frühere Lebensphasen und erinnert in sehr wirklichkeitsnaher Weise bildhaft viele Erlebnisse die weitgehend in Vergessenheit geraten waren. Die Instruktionen zur Induktion einer solchen Altersregression werden durch Zurückrufen allgemein üblicher Erfahrungen erleichtert, die vermutlich in die Zeit fallen, in die die Regression führen soll:

»Stellen Sie sich vor, Sie sind in der ersten Schulklasse und sitzen in der Schule, Sie sehen den Lehrer vor sich und haben keine Lust mehr, dem Unterricht zu folgen. Sie blicken aus dem Fenster und sehen draußen Menschen vorbeigehen. Sie hören kaum noch zu, was der Lehrer sagt. Sie wünschen, daß die Stunde endlich vorbei wäre . . .«

Durch markante Ereignisse werden verschiedene Altersstufen suggeriert. Dabei kommt es zu ganz auffälligen Phänomenen: z.B. schreiben Personen wieder in ihrer kindlichen Schrift (siehe Abb. 11.13). Oder ein verloren gegangener Sprachschatz wird wieder verfügbar, wie im Falle eines Japaners, der mit drei Jahren in eine amerikanische Familie gekommen war und seitdem nur noch englisch sprach. Japanisch konnte er nur noch einige Brocken. In der Hypnose dagegen, versetzt ins dritte Lebensjahr, konnte er fließend japanisch sprechen und berichtet hinterher beim Anhören der Tonbandaufnahme, daß er plötzlich gemerkt habe, wie sein Mund ganz andere Bewegungen formte als sonst üblich. In der Hypnose wurde es möglich, seinen japanischen Sprachschatz so zu reaktivieren, daß er danach auch im normalen Bewußtseinszustand wieder japanisch sprechen konnte.

Abb. 11.13: Schriftprobe mit und ohne Altersregression nach Hilgard (1977)

Es sind auch Fälle berichtet worden, in denen angeblich im Sinne der Seelenwanderung in der Hypnose Reinkarnationen stattfinden sollen. Bekannt ist ewa der Fall von Virginia Tighe (zit. nach Hilgard, 1977). In der Hypnose gab diese ganz unauffällige amerikanische Hausfrau vor, sie sei eine rothaarige temperamentvolle Irin im Dublin des vorigen Jahrhunderts mit dem Namen Bridey Murphy. Sie sprach irischen Dialekt und gebärdete sich völlig anders als sonst. Es konnte der Eindruck entstehen, es handele sich um die Rückkehr in ein früheres Leben. Nachforschungen ergaben allerdings, daß die bewußte Person in der Jugend bis zum 10. Lebensjahr in irischer Nachbarschaft aufgewachsen war und sich mit dort wohnenden Personen stark identifizierte. Sie hatte sich unter anderem in einen irischen Jungen verliebt und wäre am liebsten selbst Irin gewesen. Dies scheint sie später vergessen zu haben. In der Hypnose wurde die Rolle wieder zugänglich. An diesem Fall, der in der Presse ausführlich behandelt wurde, wird deutlich, auf welche Weise Hypnose ins Zwielicht okkulter Phänomene geraten kann.
Zu den *körperlichen Erscheinungen* der Hypnose gehören die sogenannten negativen Suggestionen (Challenge Items), die alle mit der Aufgabe von Kontrolle zusammenhängen. Insbesondere sind dies die Steifheit bestimmter Muskelpartien oder das Gefühl der extremen Schwere (»Sie können Ihre Hand nicht heben«). In diesen Fällen wird das schon beschriebene, ideomotorische Prinzip wirksam. Subjektiv ergibt sich stets die Beurteilung: »Ich könnte, aber ich will nicht!« Berichte von übernormalen Kraftleistungen unter hypnotischer Suggestion sind nach Hilgard (1977) nicht haltbar. Orne (1959) machte hierzu folgendes Experiment.

Versuchspersonen mußten am gestreckten Arm ein Gewicht von 1 kg halten, solange sie konnten. Orne parallelisierte zwei Gruppen nach Hebeleistung und ließ sie dann das Gewicht unter Hypnose solange wie möglich halten. Am nächsten Tag instruierte er die eine Gruppe ohne Hypnose, ihre gestrige Leistung zu überbieten. Tatsächlich gelang es den Probanden unter dieser Bedingung, das Gewicht länger auszuhalten als unter Hypnose. Die zweite Gruppe jedoch instruierte er unter Hypnose, die gestrige Leistung zu überbieten. Dabei stellte sich heraus, daß hier ebenfalls die gestrige Leistung übertroffen wurde, und zwar um ein noch stärkeres Maß als bei der nicht hypnotisierten Gruppe.

Offenbar ist es so, daß man unter Hypnose mehr Kraft aufbieten kann als unter normalen Bedingungen. Ein Teil dieser Leistung wird jedoch durch Instruktion und Motiviertheit erklärbar.
Andere körperliche Erscheinungen, die hypnotisch suggeriert werden können, sind *Gefühllosigkeit* (Anästhesie) und *Schmerzlosig-*

keit (Analgesie). Sie werden von Fakiren in extremem Ausmaß zur Schau gestellt und eine befriedigende Erklärung ist bisher nicht möglich. Derartige Phänomene treten auch ohne Hypnose auf und werden dann als hysterisch bezeichnet. Interessant ist folgender Bericht von der Aufhebung einer hysterischen Blindheit durch Hypnose:

Eine Patientin von Janet (1880) war seit ihrer Kindheit auf einem Auge blind. In Hypnose gelingt es, Erlebnisse der Kindheit wachzurufen, die für die Entstehung der Blindheit verantwortlich zu sein schienen: Als Kind hatte die Frau mit einem anderen Kind in einem Bett schlafen müssen, das einen eitrigen Hautausschlag hatte. Mit dem Auge, das später blind wurde, mußte sie den unangenehmen Anblick ertragen (dem anderen Auge war der Blick verstellt). Seitdem war sie auf dem Auge blind gewesen. Janet hat nun in einer Altersregression dieses Ergebnis wieder reaktiviert, nur diesmal ohne daß das andere Kind den eitrigen Hautausschlag hatte. Dadurch konnte die Blindheit aufgehoben werden.

Besonders deutliche hypnotische Effekte sind *posthypnotische Aufträge* und Amnesien. Bei den Aufträgen läßt man die Person auf eine bestimmte Auslöserbedingung (z. B. ein Wort) hin Handlungen ausführen, ohne daß sie dann weiß, warum sie es eigentlich getan hat:

»Wenn ich Sie nachher beim Namen rufe, werden Sie zum Fenster gehen, es öffnen und hinausspucken . . .« Die Person tut das dann unter Umständen, ist dabei amüsiert, aber weiß nicht, warum sie es eigentlich getan hat. Oder: »Sie werden wissen, daß 3 und 4 = 7 ergibt . . .« Man läßt die Person nachher einen Text lesen, auf dessen Seiten am Rand die Zahlen 3 und 4 stehen. Sie wird sie addieren und 7 hinschreiben, ohne sich bewußt zu sein, warum sie das eigentlich getan hat.

Posthypnotische Suggestionen können therapeutisch eingesetzt werden, wie weiter unten beschrieben wird.
Amnesien beziehen sich auf verschiedene Dinge in der Hypnose. Es können die Ereignisse in der Hypnose sein, es können aber auch Lerninhalte sein, die während der Hypnose gelernt wurden (»Die Einwohnerzahl von Ulan Bator ist 375000. Wenn ich Sie später danach frage, werden Sie es nicht wissen«). Oder es können die Umstände des Lernens in der Hypnose vergessen werden, der Inhalt aber erinnert werden.

Barber und De Moor (1972) sehen die hypnotischen Phänomene nicht als Sondererscheinungen unseres Bewußtseins, sondern als ein Ergebnis von Kooperation und Instruktion. Die typische Trance-Befindlichkeit (veränderte Körperwahrnehmung, starrer Blick, Gleichgewichtsschwankungen, u.a.) sind nach diesen Autoren die Folge der geschlossenen Augen und der Entspannung. Beides, geschlossene Augen und Entspannung sind keine notwendigen Bedingungen für die erhöhte Suggestibilität. Vielmehr liegen der erhöhten Suggestibilität zwei vermittelnde Faktoren zugrunde (Mediatoren): die *positive Einstellung* zum hypnotischen Phänomen und die *lebhafte Vorstellung* der suggerierten Inhalte. Von den Autoren sind neun Bedingungen genannt worden, die diese vermittelnden Faktoren fördern. Diese Induktionsvariablen kann man extern manipulieren. Sie wirken auf die beiden Mediatorvariablen und diese schließlich bewirken die Effekte der Suggestion, die sogenannten hypnotischen Phänomene (Schweregefühle, Leichtigkeitsgefühle, Steifheit, Schmerzlosigkeit, Gefühllosigkeit, Vergessen, Altersregression, Halluzinationen usw.).

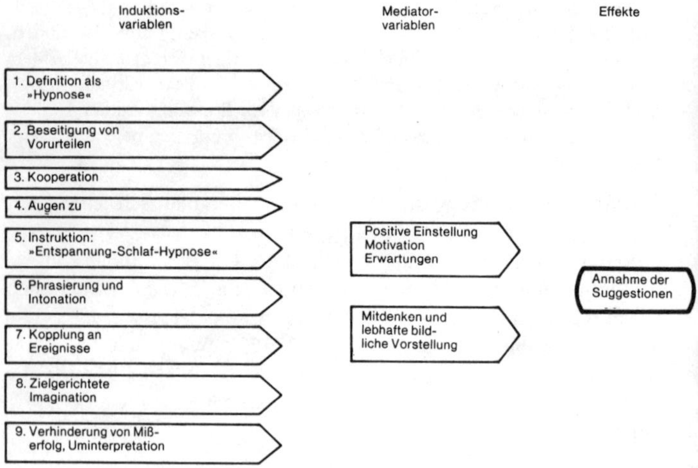

Abb. 11.14: Hypnosemodell nach Barber und De Moor

Die neun Induktionsvariablen lassen sich in folgender Weise herstellen:

1. Die bloße *Definition* der Situation als Hypnose steigert die Erwartungen (gelegentlich allerdings auch negative Erwartungen) und die Motivation des Probanden.
2. Die meisten Mißerfolge bei der Hypnose werden auf eine mangelhafte Vorbereitung und *Ausräumung von Vorurteilen* zurückgeführt. Solche Vorurteile bestehen darin, daß in der Hypnose angeblich die Willensstärke verloren wird, daß man sich anderen ausliefert, daß das, was während der Hypnose passiert, Angst erzeugt, daß das Unbewußte durchbricht usw.
3. Die Kooperation des Probanden ist wichtig, ohne sie geht nichts. Man kann explizit um *Kooperation* bitten, man kann um lebhafte Vorstellung oder um Mitdenken bitten, man kann versichern, es wird nicht besonders schwer fallen, einige interessante Erfahrungen zu machen, wenn der Proband mitarbeitet.
4. Üblicherweise *schließt* der Proband die *Augen*. Dies wird in den meisten Induktionsmethoden angestrebt. Es ist jedoch keine notwendige Bedingung, um erhöhte Suggestibilität zu erzeugen, fördert jedoch die Konzentrationsfähigkeit.
5. *Entspannung–Schlaf–Hypnose.* Die Induktion eines entspannten Zustandes, der schlafähnlich ist oder als Hypnose bezeichnet wird, wird bei einer Anzahl hypnotischer Phänomene für bedeutsam gehalten.
6. Die *Phrasierung* und *Intonation* der Suggestionen ist eine wichtige Variable. Zum Beispiel wirken direkte Empfehlungen wie »Sie können Ihren Arm nicht mehr beugen« oder »Sie spüren keine Schmerzen mehr« selten. Vielmehr kommt es darauf an, daß man in der Formulierung die Möglichkeit erwähnt und die Vorstellung einbezieht, zum Beispiel »Wenn ich Ihren Arm berühre, dann werden Sie das Gefühl haben, daß er allmählich steifer wird, steifer und steifer. Diese Steifheit nimmt zu. Sie haben das Gefühl, alle Muskeln verhärten sich, werden immer härter und immer härter ... Es fängt an, sich so anzufühlen wie eine stählerne Konstruktion ... Stellen Sie sich vor, Ihr Arm wäre ein durchgehendes Stück Stahl ... Sie haben das Gefühl, Ihr Arm ist jetzt wie ein Stück Stahl ...« Es kommt also darauf an, daß der Hypnotiseur nicht durch Widerspruch in seiner Suggestionsfähigkeit entwertet wird. Statt zu sagen, »Sie werden vergessen, daß es eine vier gibt.«, ist es besser zu sagen: »Versuchen Sie zu vergessen, daß zwischen drei und fünf die Zahl vier ist ... Stellen Sie sich vor, an der Wandtafel sind die Zahlen 1–10 angeschrieben und es fehlt die Zahl 4. 1, 2, 3, 5, 6, 7, 8, 9, 10. Die 4 ist ausgelöscht. Stellen Sie sich vor, die 4 gibt es nicht mehr.« Die indirekte Formulierung ist wirksamer als die autoritäre Formulierung. Viele Autoren legen Wert auf die Intonation in Form eines Singsangs mit Pausen und im ganzen wie eine Litanei. Barber fand allerdings, daß eine mit kräftiger Stimme vorgetragene Suggestion genausogut wirkt.
7. Die *Verknüpfung* von Suggestionen mit natürlich vorkommenden Ereignissen. Es kann einmal die Rückmeldung sein: Die genaue Beobachtung

des Probanden und der Veränderungen an seiner Erscheinung (Flachheit der Gesichtszüge, Fehlen des Schluckreflexes, Verlangsamung der Atmung, eventuell des Pulses) können rückgemeldet werden und wirken vertiefend. Sie wirken wie eine richtige Vorhersage, obwohl sie nur eine Rückmeldung sind. Viele Entwicklungen kann man aber auch ohne direkte Anzeichen vorhersagen; z. B. daß die Augenlider irgendwann müde werden, daß sich die Finger bei der Levitation ruckartig bewegen und daß sich bestimmte Bilder bei fast jedem ziemlich lebhaft einstellen (Gefühle der Wärme bei Vorstellungen des Sonnenscheines, Gefühl der Kühle beim Reinspringen ins Wasser, Bilder aus dem Klassenzimmer, Bilder aus dem Kinderzimmer usw.).

8. Die zielgerichtete *Imagination* wird für einen der wichtigsten Faktoren in der Hypnose gehalten. Die Suggestionen lauten nie: »Senke Deinen Arm« oder: »Dein Arm wird ganz schwer«, vielmehr: »Stell Dir vor, Du hältst etwas Schweres in der Hand, das nach unten zieht, ein Sack mit 5 kg Sand zieht es allmählich ganz schwer nach unten, stell Dir vor, der Arm wird immer schwerer nach unten gezogen . . .« usw. Bilder sind wichtig, auf der anderen Seite ist der gedankliche Vollzug sehr wichtig. Wenn ich denke, daß mein Arm ganz steif wird, dann läßt sich nachweisen, daß der Tonus in den Muskeln tatsächlich sich erhöht (ideomotorisches Prinzip).
9. Die Verhinderung von Mißerfolg bei Suggestionen und die *Uminterpretation* ist wahrscheinlich das Schwierigste (Utilisation). Um Widerspruch und damit u. U. den Gegenbeweis zu verhindern, kann bei der Augenkatalepsie etwa folgendermaßen formuliert werden: »Ihre Augen sind jetzt ganz fest geschlossen . . . ganz fest geschlossen, Sie haben den Eindruck, dann, wenn Sie versuchen würden sie zu öffnen, Sie es gar nicht könnten. Sie werden nicht versuchen, sie zu öffnen. Sie haben gar kein Bedürfnis, sie zu öffnen. Sie möchten nur einfach tiefer und tiefer sich entspannen.« Um dem Mißerfolg vorzubeugen, werden von Erickson besonders vielfältige Techniken verwendet, wie z. B. paradoxe Intention oder Doppelbindungen (s. o.).

Wie Barber und Mitarbeiter in vielen Experimenten gezeigt haben, können die Bedingungen für eine effektive Suggestibilität (die Induktionsvariablen 1–9) auch ohne magischen Anstrich durch reine Instruktion geschaffen werden. Dennoch bleibt ein gewisser Rest, in dem die im Rahmen einer »Hypnose« suggerierten Aufträge und Vorstellungen häufig etwas effektiver sind als die rein kognitiv durch Instruktion vermittelten.

Interessant ist in diesem Zusammenhang ein Bericht von Brennan (1959, zit. nach Barber & De Moor, 1972). Mehrere Probanden in Hypnose wurden danach gefragt, woran sie merkten, daß sie sich in Hypnose befänden. Die Antworten waren typischerweise: »weil ich entspannt bin«. Nach einer Suggestion, daß die Entspannung jetzt zu Ende sei, die Hypnose aber andauere, antworteten die

Probanden auf dieselbe Frage: »Zum Beispiel daran, daß mein Arm jetzt schwer wird und ich das Gefühl der Taubheit habe.« Nachdem die einzelnen hypnotischen Phänomene in dieser Art weiter zurückgenommen wurden, dem Klienten aber ständig noch das Hypnosegefühl suggeriert wurde, sagten die Probanden typischerweise am Ende: »Ich befinde mich noch in Hypnose, weil ich weiß, daß ich tun werde, was Sie vorschlagen.« Hier wird ganz deutlich, daß der hypnotische Zustand im wesentlichen die Bereitschaft zur Kooperation ist.

Es gibt eine Vielzahl von kritischen Experimenten zur Hypnose, die insbesonderes von T.X. Barber und Mitarbeitern gemacht wurden. Er versucht damit die These zu stützen, daß Hypnose nichts weiter als Instruktion einer sehr motivierten Versuchsperson ist und die hypnotischen Phänomene lediglich auf deren Kooperationsbereitschaft beruhen. Die Phänomene der Altersregression wären dann gewissermaßen nur die Wiederbelebung bestimmter Rollen, die man früher gespielt hat.

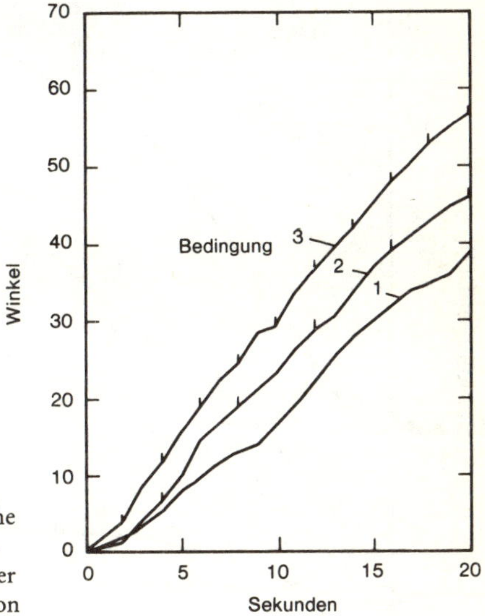

Abb. 11.15: Unterschiedliche Levitationsreaktion bei einfach verteilter und gedrängter Wiederholung der Suggestion

Die Scheinwirkung posthypnotischer Aufträge wurde von Spanos & Barber (1968) besonders schlagkräftig entlarvt. Sie suggerierten unter Hypnose den Versuchspersonen posthypnotische Taubheit. Nach dem Hypnoseversuch wurde ihnen beim Lesen eines Textes über Kopfhörer eine verzögerte akkustische Rückmeldung der eigenen Stimme gegeben (»delayed feedback«). Das wirkt gewöhnlich außerordentlich störend und führt zu Stottererscheinungen. Unter dem posthypnotischen Auftrag der Taubheit dürfte so etwas nicht auftreten. Tatsächlich aber trat es genauso stark auf, wie bei Personen, die ohne posthypnotische Taubheit lasen. Ebenso sind andere hypnotische Phänomene wie Halluzinationen von Barber und Mitarbeitern in gleicher Weise ohne Hypnose durch reine Instruktion erzeugt worden.

Von Interesse ist in diesem Zusammenhang auch die Art der Berichterstattung hypnotischer Phänomene. Hilgard (1977) untersuchte die Schmerzempfindlichkeit unter Hypnose. Er verwendeten den Eiswassertest (»coldpressure test«): Normalerweise kann man seine Hand in Eiswasser ca. 25 Sek. halten, bis ein deutlicher Schmerz berichtet wird. Nach 45 Sekunden gaben die Versuchspersonen ohne Hypnose einen Schmerzwert von 12, mit Hypnose dagegen einen Schmerzwert von 2 an. Zugleich konnten die hypno-

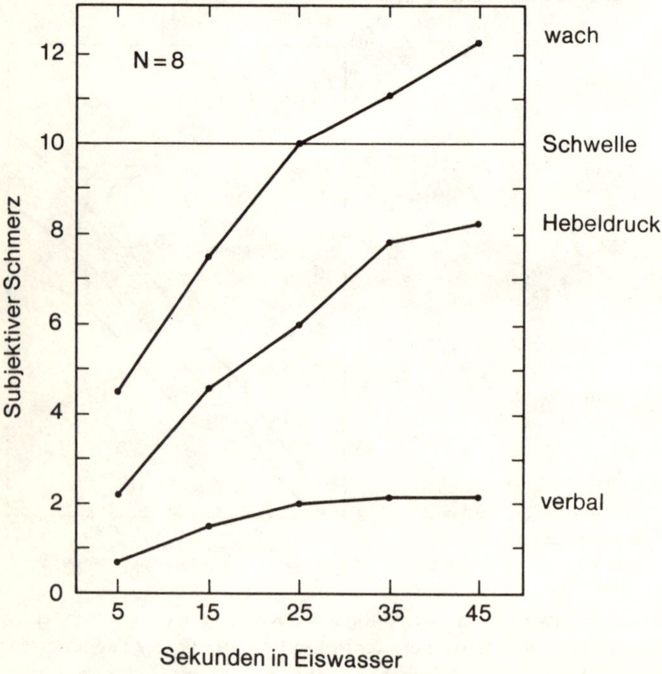

Abb. 11.16: Subjektive Reaktionen auf Schmerz unter Hypnose und im Wachzustand

tisierten Personen mit einem Schiebemechanismus den Schmerz skalieren. Dabei lag dann der Schmerzwert etwa in der Mitte zwischen dem verbal angegebenen unter Hypnose und dem verbal unter normalen Bedingungen angegebenen Wert, nämlich bei dem Skalenwert 7. Es scheint also, daß sowohl die Instruktion durch den Hypnotiseur wie auch die Berichterstattung durch den Hypnotisanden eine Rolle für das Zustandekommen hypnotischer Phänomene spielt (s. Abb. 11.16).

Linguistische Analyse hypnotischer Suggestionen

Bandler & Grinder haben die Therapiegespräche von Erickson unter linguistischen Gesichtspunkten analysiert (1975, 1977) und sie als generelle Muster effektiver Kommunikation bezeichnet, die sie auch bei anderen erfolgreichen Therapeuten, wie z. B. V. Satir, J. Haley, C. Whitaker wiedergefunden haben (1976, 1978. Lankton, 1979, Dills et al., 1981). Das Modell der Hypnose von Bandler & Grinder unterscheidet sich geringfügig von dem von Erickson & Rossi formulierten. Es beinhaltet drei Schritte:

1. *Pacing and Leading:* führt zu einer positiven Haltung gegenüber dem Therapeuten (s. S. 118).
2. *Ablenkung und Utilisation:* führt zu einer Abspaltung und Ausschaltung des bewußten, sprachlich rationalen Denkens (s. S. 119).
3. Ansprechen des *vorbewußten* nichtsprachlichen Denkens zur Vermittlung von Suggestionen.

Gemeinsam ist diesen beiden Modellen der Hypnose die Annahme, daß nonverbal codierte Informationen aus der eigenen Lerngeschichte zugänglich gemacht werden können und dem Menschen bei der Anschauung und der Lösung seiner Probleme weiterhelfen. Im ersten Schritt wird beim Klienten eine positive Einstellung zu den Suggestionen des Therapeuten gefördert (Pacing und Leading). Im zweiten Schritt wird das Bewußte, das rationale Denken ausgeschaltet, indem es abgelenkt und beschäftigt wird. Hier ist eine Ähnlichkeit zur Magie bemerkenswert: Der Magier verwendet ebenfalls viel Sorgfalt darauf, die Aufmerksamkeit des Publikums abzulenken, bevor er zu seinem Trick kommt, der allerdings meistens in einer Täuschung besteht. Davon wird man in der Hypnose nicht ausgehen, vielmehr besteht der dritte Schritt hier darin, Erinnerungen an hilfreiche Erfahrungen zu aktivieren.
Bandler & Grinder nehmen an, daß der Mensch bevorzugte Sinneskanäle zur Aufnahme, Speicherung und Abrufung von Informatio-

nen hat. Manche Menschen repräsentieren bevorzugt visuell (V), manche akustisch (A), manche propriozeptiv (P). Indikatoren, welcher Kanal bevorzugt ist, finden sich in der Sprache, beispielsweise im Gebrauch der Verben. Ein visuell repräsentierender Mensch benutzt angeblich Wendungen, die das Sehen auch in übertragener Weise benutzen, z. B.: »Ich sehe die Dinge jetzt anders« (V). Ein akustisch repräsentierender Mensch sagt vielleicht: »Ich höre meine Mutter sagen . . .« (A). Und ein propriozeptiv repräsentierender Mensch sagt u. U. »Ich fühle diesen Druck auf mir lasten« (P). Bedeutsam für ein Gelingen des »Pacings« ist die Anpassung an die Sprache des Klienten. Der Therapeut registriert das bevorzugte Repräsentationssystem des Klienten und spricht ihn möglichst in diesem System an, indem er ähnliche Prädikate benutzt. Ebenso kann er sich in der Körperhaltung, der Atmung und Bewegung dem Klienten anpassen, auch seine Sprechweise nach dem Atemrhythmus des Klienten richten. Diese Überlegungen können als eine Pragmatik des *Rapports* angesehen werden.

Der zweite Bereich, den Bandler & Grinder zu formalisieren versuchen, ist Ericksons Vorgehen zur Ablenkung des sprachlich-rationalen Denkens. Linguisten unterscheiden zwischen der Oberflächenstruktur und der Tiefenstruktur der Sprache (Chomsky, 1977). Die Oberflächenstruktur ist der Aspekt der grammatischen Form, der sich im Schriftbild oder dem akustischen Reizmuster eines Satzes niederschlägt:

»Ihr rechter Arm wird sich jetzt langsam erheben.« Die Tiefenstruktur ist der semantische Aspekt der grammatischen Struktur, die u. a. folgende Bestandteile hat:

Subjekt (wer): Der rechte Arm
Referenzindex (welche Person): Ihr
Prädikat: erheben
Adverb: langsam
Zeitbestimmung: jetzt
und vieles mehr.

Der Empfänger einer Mitteilung nimmt Transformationen der Oberflächenstruktur zu Tiefenstrukturen vor, die für ihn persönlich sinnvoll sind und individuell variieren können. Das ist besonders dann der Fall, wenn die Oberflächenstruktur Unbestimmtheiten aufweist, die dann im Sinne der individuellen Lernerfahrung und des Kontextes spezifiziert werden. In dem Satz »Hans sah ein Auto« könnte das Satzobjekt in »Lastwagen« oder »Sportwagen« transformiert werden.

Die direkte Suggestion oben läßt nur eine begrenzte Tiefenstruktur

zu, die möglicherweise nicht mit der augenblicklichen Vorstellung des Klienten von der Welt und sich übereinstimmt. Der Therapeut kann die genaue Tiefenstruktur des Klienten nicht kennen und wird daher gut daran tun, hierfür Möglichkeiten offen zu lassen, so daß der Klient seine eigene Tiefenstruktur findet. Einige Kategorien der Offenheit der Oberflächenstruktur sind folgende:
Auslassung: »Ein Arm wird sich anders anfühlen«
(welcher, wann, wie, wessen?)
Möglichkeitsform: »Ein Arm kann sich erheben«
(»kann« statt »wird«)
Nominalisierung: »Das Heben des Arms kann angenehm sein«
(wessen Arm, ob und wann hebt er sich?)
Zweideutigkeiten: »Das wohltuende Gefühl der Sonne«
(Das die Sonne hat? oder das die Sonne verursacht?)
In all diesen Fällen ist die Oberflächenstruktur des geäußerten Satzes so unvollständig, daß der Klient sich auf die Suche nach einer für ihn passenden Tiefenstruktur macht (transderivationale Suche). Diese Überlegung könnte als eine Hypothese der Empathie bzw. der wirksamen Suggestion aufgefaßt werden: Die geäußerten Formulierungen sind vage, scheinen aber doch etwas Genaues zu bezeichnen, und veranlassen daher den Klienten, seine persönlichen Erfahrungen und Bilder heranzuziehen, um die Leerstellen zu füllen. Dieses Verhalten ist sowohl für das »Pacing und Leading« wie auch für die Ablenkung von Bedeutung. Der Klient ist geneigt, eine Übereinstimmung seiner Tiefenstruktur mit der des Therapeuten zu empfinden, was eine positive Haltung gegenüber dem letzteren fordert. Er ist außerdem mit der transderivationalen Suche beschäftigt und so mit seinem sprachlichen Denken abgelenkt.
Das Ansprechen unbewußter Inhalte gelingt u.a. durch die Verwendung von Bildern. Es wird die Annahme gemacht, daß alle Erfahrungen auf allen einbezogenen Sinneskanälen kodiert werden. Nähert man sich dem unbewußten Material durch Bilder, so umgeht man die Kontrolle durch das rationale Denken, das in verbaler Kodierung stattfindet. Es scheint die Annahme zu bestehen, daß durch dieses zweigleisige Vorgehen: das verbal-rationale Denken durch Ablenkung zu beschäftigen und abzuspalten und zugleich das nicht-verbale Denken durch die Verwendung von Bildern aufzuschließen – daß dieses Vorgehen Erinnerungen wieder verfügbar und den Klienten für Suggestionen empfänglich macht, die für den Therapieprozeß nützlich sind. Diese Suggestionen können entweder selbst wieder in Form von Bildern gegeben werden oder in Form von indirekten Fragen oder Aufforderungen:

»Ich weiß nicht, ob Sie wirklich sich in einen Trance-Zustand begeben wollen«
»Viele Menschen möchten deutlicher sehen, welche Erinnerungen für sie wichtig sind«
Die Aufforderung kann auch implizit gegeben werden: »Sie nehmen vielleicht nicht wahr, welche Hand zuerst ein Gefühl der Schwere entwickelt.«
Oder es kann die schon erwähnte Einstreutechnik verwendet werden. Erickson benutzt im allgemeinen alle diese Möglichkeiten in vermischter Form, ein Beispiel dafür ist die wiedergegebene Fallgeschichte (S. 137).
Ein dritter Bereich, den Bandler & Grinder zu formalisieren versuchten, ist ein Therapiekonzept, das sie aus dem Vorgehen Ericksons in der Kurztherapie wie auch in der Hypnose ableiten. Es kann als Umstrukturierung *(Reframing)* bezeichnet werden und geht von der Annahme aus, daß es darauf ankommt, Denkgewohnheiten des Klienten zu durchbrechen und ihm durch Suggestion neue Perspektiven und andere Sichtweisen und eigene hilfreiche Erfahrungen zugänglich zu machen, die der Klient im Moment ausgeblendet hat. Die Prozedur wird in sechs Schritte unterteilt (Bandler & Grinder, 1980):

1. Definition des Ziels als Wunschvorstellung,
2. Bestimmung der Hinderungsgründe in der eigenen Person,
3. Identifikation mit dem Hindernis,
4. Alternative Möglichkeiten, dieses Hindernis als einen positiven Teil seiner selbst zu realisieren,
5. Überprüfung der Stimmigkeit und Realisierbarkeit dieser Wege,
6. Entwicklung einer Zeitperspektive zur Anwendung dieser Möglichkeiten.

In diesem Vorgehen wird berücksichtigt, daß ein als richtig und wichtig erkanntes Ziel vom Klienten nicht gradlinig verfolgt wird. Vielmehr stellen sich ihm andere Verhaltenstendenzen in den Weg, die ihn daran hindern, seine Wünsche in die Wirklichkeit umzusetzen (Schritt 1 und 2). Durch die Aufforderung, sich mit diesen Hindernissen zu identifizieren, soll der Klient versuchen, ob er sie als Teil seines Verhaltensrepertoires akzeptieren und wertschätzen kann. Vermutlich hat er sie irgendwann gelernt, in einer Situation, wo sie ihm nützlich waren und für ihn Positives bewirkt haben (Schritt 3). Im 4. Schritt soll er nun nach Wegen suchen, wie er die Ziele dieses Teils seiner selbst erreichen kann, ohne daß er sich dabei behindert. Er soll sich auf die positiven Aspekte besinnen und überprüfen, wie weit sie für ihn noch von Bedeutung sind und welchen Dienst sie ihm im Moment leisten können. Im 5. Schritt soll er sich die Alternativen zur Verwirklichung dieses Teils seiner selbst vorstellen und überprüfen, ob sie realitätsfähig und in dieser Form für ihn akzeptabel sind. Dies kann auch durch Ausprobieren im Alltag geschehen. Der 6. Schritt stellt eine Art Konsolidierung des Änderungswunsches dar, indem der Klient sich vorstellt, was ihn in Zukunft in seinem veränderten Leben erwartet und wie er darauf reagieren wird. Eine Vorwegnahme von veränderten Lebensbedingungen.

Klinische Anwendung

Ist die Hypnose eingeleitet, so kann man therapeutische Suggestionen anschließen. Das können unspezifische Suggestionen sein wie »in diesem Ruhezustand erholt sich das ganze Nervensystem« oder aber Suggestionen, die an der speziellen Störung des Klienten orientiert sind. Zu den unspezifischen Suggestionen, die stützenden Charakter haben und Gelassenheit, Abstand, Tatkraft, Eigenständigkeit und Selbstvertrauen suggerieren sollen, gehören die sogenannten *Ich-Stärkungssuggestionen.* Diese werden von Hartland (1971) als Vorbereitung für die symptomspezifischen Suggestionen vorgeschlagen. Der Hypnotiseur achtet bei seinen Formulierungen darauf, daß die drei wesentlichen Aspekte menschlichen Verhaltens, nämlich Gedanken, Gefühle und Handlungen angesprochen werden. Es werden immer wieder dieselben Dinge in anderen Formulierungen angeboten. Mal als Verben, mal als Substantive usw. Mit oder ohne solche stützenden und stärkenden Suggestionen, die nach der Hypnose-Einleitung folgen, werden symptomspezifische Suggestionen verabreicht, besonders häufig dienen dazu sogenannte *Indifferenzaussagen.* Sie können immer dann angewendet werden, wenn der Klient gegen Störreize unempfindlich werden soll, z. B. gegen seine Symptome oder gegen bestimmte Gewohnheiten wie Rauchen oder Alkoholabusus. Solche Suggestionen können auch gegen Schmerz gegeben werden (»der Zahn ist mir jetzt ganz gleichgültig«). Bei Alkoholabhängigkeit könnte gesagt werden: »Alkohol ist mir ganz gleichgültig.« Auch Aversionssuggestionen sind verwendet worden, ihnen kommt aber keine große Bedeutung zu.

Viele Berichte liegen über die Beseitigung von somatischen oder psychosomatischen Störungen vor. Zum Beispiel berichtet Asher (1956), daß er Warzen in der Hypnose in 15 von 25 Fällen beseitigt und in weiteren 4 Fällen gebessert hat. Die Suggestion in leichter bis tiefer Trance bestand darin, daß der Therapeut die Warzen berührte und dazu formelhaft sprach: »Die Warzen werden in Zukunft verschwinden, sie werden langsam immer kleiner werden und verschwinden«. Die Behandlung dauerte zwischen 6 und 20 Sitzungen, die Klienten hatten bis zu 50 Warzen, die damit beseitigt wurden. Schultz (1979) empfiehlt folgende Suggestion: »Die

Behandlung von Warzen (Asher 1956) n = 33

	keine Hypn.	leichte Hypn.	tiefe Hypn.
geheilt		4	11
gebessert			4
unverändert	8	4	2
Σ	8	8	17

Behandlung von Asthma (Collison 1978) n = 121

	keine Hypn.	leichte Hypn.	tiefe Hypn.
geheilt		6	19
gebessert	2	21	17
unverändert	29	20	7
Σ	31	47	43

Behandlung von Kopfschmerz bei Hirnverletzungen (Cedercreutz 1976) n = 238

	keine Hypn.	leichte Hypn.	mittl. Hypn.	tiefe Hypn.
geheilt		33	74	26
gebessert		14	29	2
unverändert	32	15	5	8
Σ	32	62	108	36

Tab.11.5: Häufigkeit der Linderung verschiedener Beschwerden durch Suggestion in Hypnose unterschiedlicher Tiefe.

Haut um die Warze wird immer kühler und blasser. Es strömt gar kein Blut mehr in die Warze. Die Warze wird immer kleiner und trockener und blasser und fällt bald ganz ab.«

Collison (1978) behandelte 86 Asthmafälle in leichter und tiefer Trance, davon wurden 25 geheilt und weitere 38 gebessert. Cedercreutz (1976) behandelte Kopfschmerz bei Hirnverletzten mit Hypnose und konnte von 248 Fällen 133 heilen und weitere 45 bessern.

Hypnose ist besonders erfolgreich bei schweren Schmerzzuständen angewendet worden (ursprünglich war ja die Methode von Braid Ende des 19. Jahrhunderts für Operationen ohne Narkose verwendet worden). Von Erickson werden einige Fälle dieser Art beschrieben (Haley, 1978), wie etwa der folgende, indem zugleich die therapeutische Verwendung von Metaphern illustriert wird.

Fallbeispiel:

Erickson wurde an das Bett eines Krebspatienten im Endstadium gerufen. Dieser hatte schon mehrere Operationen hinter sich, war stark abgemagert und konnte wegen eines Luftröhrenschnittes nicht mehr sprechen. Er litt ständig unter starken Schmerzen und Erickson entschied sich für Hypnose, um ihm wenigstens etwas Linderung zu verschaffen. Er wählte ein indirektes Vorgehen, das er »Streutechnik« nennt. Beiläufig erwähnt er in einer Konversation bestimmte Worte und Sätze und hebt sie durch Betonung heraus, um sie dem Patienten als Suggestion einzuprägen. Das folgende Gespräch, das Erickson über eine lange Zeit mit dem Patienten führt, ist eine Erzählung über die Schönheit der Tomatenpflanze und ihrer Entwicklung. Erickson appelliert dabei an das Naturverständnis des Patienten, der leidenschaftlicher Gärtner ist. Er selbst versteht nicht sehr viel davon, benutzt das Gespräch bzw. diesen Monolog nur als Vehikel, indem er ständig Worte gebraucht, die sowohl im Sinne der Ichstärkung (s. o.) wie im Sinne der Schmerzlinderung gerichtet sind. Nach einer Einleitung fährt er fort:

»Während ich jetzt also spreche, und ich *fühle* mich *wohl* dabei, möchte ich, daß Sie mir zuhören und sich wohl *fühlen* dabei, während ich über eine Tomatenpflanze mit Ihnen spreche. Das ist ein seltsames Gesprächsthema. Es macht neugierig. Weshalb gerade über eine Tomatenpflanze sprechen? Man steckt einen Tomatensamen in die Erde. Man kann darauf *hoffen,* daß daraus eine Tomatenpflanze wächst, die *Befriedigung* bringt durch die *Früchte,* die sie später trägt. Der Same schluckt Wasser, was *keine große Schwierigkeit* bedeutet, da wir ja den Regen haben, der *Linderung* und *Frieden* und Freude an Blumen und Tomatenpflanzen bringt. Der kleine Same, Joe, schwillt an und entwickelt ein winziges Würzelchen mit Wimpernhärchen daran. Vielleicht wissen Sie nicht genau, was Wimpernhärchen sind, aber auf jeden Fall sind es Dinge, die helfen, daß der Same wächst, daß das Pflänzchen aus dem Boden sprießt, und Sie können mir zuhören, Joe, deshalb werde ich weitersprechen und Sie können mir weiter zuhören und sich fragen, was Sie dabei wirklich *lernen* können, da haben Sie Ihren Bleistift und Ihren Block, aber, um auf die Tomatenpflanze zurückzukommen, sie wächst so langsam. Man kann nicht sehen, wie sie wächst, man kann nicht hören, wie sie wächst, aber sie wächst, das ist *sicher.* Die ersten, kleinen blätterähnlichen Dinge am Stiel, die feinen, kleinen Härchen am Stengel. Diese Härchen sind auch an den Blättern, wie die Wimpernhärchen am Stengel. Sie geben der Tomatenpflanze bestimmt ein *angenehmes,* ein *wohliges Gefühl,* wenn man einer Pflanze Gefühle zusprechen will, und überdies können Sie nicht sehen, nicht fühlen, wie sie wächst, aber ein Blatt nach dem anderen wächst an jenem kleinen Tomatenstengel. Vielleicht – und ich bin mir bewußt, daß ich jetzt wie ein Kind spreche –, vielleicht fühlt sich die Pflanze wirklich *friedlich* und *wohlig,* während sie heranwächst. Jeden Tag wächst und wächst sie, es ist ein so *angenehmes Gefühl,* Joe, das Wachstum einer Pflanze zu beobachten und trotzdem nicht zu sehen, nicht zu fühlen, wie sie wächst, aber die Gewißheit zu haben, daß für die kleine Pflanze Tag für Tag alles *besser* wird, indem ein Blättchen nach dem andern, ein Zweiglein nach dem andern zum Vorschein kommt und sie sich gemächlich in alle Richtungen ausdehnen . . .

Die suggestiven Worte, die Erickson braucht, sind solche wie:

wohlfühlen,
hoffen,
Befriedigung bringen,
keine große Schwierigkeit
Linderung und Frieden
Dinge, die helfen,
angenehmes, wohliges Gefühl
friedlich und wohlig
alles wird besser
gemächlich,
angenehme Empfindungen,
es ist schön, Nahrung im Magen zu haben usw.

Während des langen Monologs, in dem der Patient aufmerksam zuhört und Erickson ihn sorgfältig beobachtet, um die Anzeichen der Trance wahrzunehmen und seine Reaktionen auf die Suggestionen, gerät der Patient in tiefe Hypnose. So eine Sitzung kann sehr lange dauern. Wie schon erwähnt, verbrachte Erickson manchmal Stunden bei einem Patienten. Dieser Patient lebte über mehrere Monate schmerzfrei, nachdem die Sitzung abgeschlossen war.

In anderen Fällen verwendet der Klient die Dissoziation des Schmerzes vom Körper. Ihm wird suggeriert, daß er den Schmerz mit einem Teil des Körpers im Bett zurücklassen kann, während der andere Teil des Körpers beispielsweise im Wohnzimmer sitzt und fernsieht.

Neben der Suggestion von Linderung oder Verschwinden des Schmerzes, das als generelle Empfindungslosigkeit (Anästhesie) oder als Schmerzunempfindlichkeit (Analgesie) formuliert werden kann und der Dissoziation vom schmerzenden Körper sind andere Veränderungen des Schmerzerlebnisses vorgeschlagen worden (Erickson & Rossi, 1981). Dazu gehört die Umdeutung der Empfindung als Taubheit oder als Juckreiz, die Verschiebung von einer prekären Stelle auf einen anderen Körperteil (bei einem Prostata-Karzinom vom Unterleib auf die Hand, die der Patient dann immer sehr sorgfältig schützte) und die Verzerrung des Zeiterlebnisses vom Schmerz, insbesondere bei wiederkehrenden Schmerzzuständen (daß der Schmerzzustand von 20 Minuten erst wenige Sekunden, wenige Minuten, dann mehrere Minuten kürzer erlebt wird und so allmählich auf wenige Sekunden zusammengedrängt wird). Derartige Änderungen des Schmerzerlebnisses sind möglich, weil Schmerz eine subjektiv gefärbte Empfindung ist, die mit der individuellen Lerngeschichte des Klienten zusammenhängt. Nach der Melzackschen Schmerztheorie (vgl. Kapitel 8, Band 2) hat der Schmerz eine sensorische, eine affektive und eine kognitive Komponente, die jeweils beeinflußt werden können. Der Schmerz kann anders empfunden werden (sensorisch), anders attribuiert werden (kognitiv) und ihm kann eine andere Bedeutung beigemessen werden (affektiv). Dieselben Gesichtspunkte macht sich Meichenbaum's Ansatz zur Streßimmunisierung (Kapitel 8, Band 2) zunutze. Der Einsatz der Hypnose bei Schmerz ist schon sehr lange bekannt und u. a. vor der Erfindung der Narkose bei Operationen eingesetzt worden. Schultz (1979) zitiert einen Bericht über 120 unter Hypnose vorgenommenen schweren Operationen. Die Hypnose wird daher gynäkologisch angewendet, sowohl bei der Geburtshilfe, wie bei anderen Frauenbeschwerden, ebenso bei Rheuma und Arthritis.

Eine interessante Untersuchung beschäftigt sich mit dem Einfluß der Hypnose auf Kurzsichtigkeit (Graham & Leibowitz, 1972). Kurzsichtige Personen wurden in einen leichten bis mittleren hypnotischen Zustand versetzt. Sie wurden angewiesen, sich auf die Entspannung der Augenmuskulatur zu konzentrieren, da dies die Sehschärfe beeinflussen könne. Die Sehschärfe bei den Personen wurde während des Versuchs ermittelt. Dabei konnten stark kurzsichtige Personen ihr Auflösungsvermögen von 9 Bogenminuten auf 2 Bogenminuten vergrößern (bei Normalsichtigen liegt der Wert bei 0,5 Bogenminuten). Weniger stark war der Effekt durch reine Entspannung und bei weniger kurzsichtigen Personen.

Psychoanalytisch wird die Hypnose dazu verwendet, um verdrängte Inhalte aufzuarbeiten. Im hypnotisierten Zustand kommen in vielen Fällen sonst nicht bewußte Inhalte und Erlebnisse, Vorstellungen und Gefühle zum Ausdruck wie beim Katathymen Bilderleben (Leuner 1970), die vom Therapeuten im Sinne der Psychoanalyse mit dem Klienten aufgearbeitet werden oder im Sinne der Erlebnisaktivierung wie in Gestalt- oder Gesprächstherapie. Hypnose ist auch zur posthypnotischen Beeinflussung von Suchtverhalten verwendet worden. Perry et al. (1979) fassen mehrere Untersuchungen zur Beeinflussung des Rauchens zusammen. Sie kommen zu dem Ergebnis, daß Hypnose verglichen mit einer Sättigungsbehandlung (Rauchen in engem Raum nach Metronom bis zur Aversion) nicht besser ist. Allerdings ist eine kombinierte Behandlung besonders günstig (s. Tabelle 11.6).

	Therapiemethode		
	Sättigung	Hypnose	Sätt. + Hypn.
Red. 50–100%	30%	12%	38%
Red. 0–49%	50%	57%	55%
Dropout	20%	31%	7%

Raucherentwöhnung (Perry u. Mullen 1975) n = 129

Tab. 11.6: Die Wirkung von hypnotischer Suggestion und Sättigung aufs Rauchen.

Weniger zweckmäßig findet Langen (1978) die Anwendung der Hypnose in Fällen von Psychosen und stark hysterischen Persönlichkeiten. Insgesamt ist die Hypnotherapie häufig symptomatisch eingesetzt worden, besonders dann, wenn die Klienten sich in vertiefter Hypnose befinden (siehe Tabelle 11.5). Bei Verhaltensstörungen oder sozialen Störungen hat sie sich empirisch bisher als weniger erfolgreich erwiesen (vgl. die Untersuchung zum Rauchen). Allerdings sprechen die bisher nicht empirisch zusammengefaßten Fallbeispiele Ericksons für eine Anwendbarkeit auch bei psychosozialen Störungen und allgemeiner Ich-Schwäche, Depression, Phobie und Neurotizismus (Zeig 1980). Die Wirksamkeit müßte hier allerdings erst noch belegt werden.
Erickson's Hypnoseansatz steht mit der Auffassung im Einklang, daß Trance die Bereitschaft darstellt, Vorstellungen und Suggestionen zuzulassen. Mit seinen Worten: »Hypnose ist im wesentlichen die Vermittlung von Ideen und Lernprozessen in einer Art, daß der Klient besonders empfänglich für die ihm angebotenen Ideen und daher motiviert ist, die eigenen körperlichen Möglichkeiten zu

erkunden, mit denen er seine psychologischen und physiologischen Reaktionen steuern kann« (zitiert nach Bandler & Grinder, 1975).
Diese Bereitschaft wird von Erickson unter vielen Umständen hergestellt, die nicht der klassischen Hypnosesituation entsprechen. Weder müssen die Augen geschlossen sein, noch wird Entspannung suggeriert oder es wird gar nicht Hypnose als solche angekündigt. Vielmehr sieht Erickson die Möglichkeit, eine solche Bereitschaft durch bestimmte Kommunikationsbedingungen zu schaffen.
Diese Kommunikationsbedingungen betreffen die Punkte 7, 8 und 9 der Abbildung 11.15, wofür er sehr differenzierte Vorschläge gemacht hat. Zum Beispiel, wie er therapeutische oder Trance-Suggestionen an Bedingungen knüpft (7), wie Suggestionen indirekt ausgedrückt werden (8), indem Alternativen angedeutet, alle Kategorien abgedeckt, die Suggestionen lediglich eingestreut werden, Doppelbindungen hergestellt werden usw. Besondere Mühe verwendet er, wie gesagt, auch auf das Aufgreifen von Verhaltensweisen und die Umdeutung der Widersprüche durch den Klienten (Utilisation). Dadurch befindet sich der Therapeut immer in Übereinstimmung mit dem Klienten und es gelingt ihm sogar, positive Seiten an dem zu sehen, was der Klient zunächst negativ einschätzt.
Entscheidend ist für Erickson zur Einleitung der Hypnose die Abspaltung und Abschaltung des rationalen Denkens (des bewußten, sprachlichen Denkens) durch Fokussierung oder Konfusion, bevor die Bereitschaft des Klienten zur lebhaften Vorstellung und zur Annahme von Suggestionen da ist.

11.6 Diskussion

Entspannung, autogenes Training, Meditation und Hypnose werden therapeutisch eingesetzt, werden häufig aber als Teilmaßnahmen in einem Therapieprozeß angesehen. So etwa die Entspannung im Rahmen der Systematischen Desensibilisierung (Kapitel 7, Band 2), oder Hypnose zur Vermittlung stützender Suggestionen bei Ängsten, Schmerzen oder bei Abhängigkeiten. Es fehlt für diese Interventionsformen eine Persönlichkeitstheorie oder eine Theorie der Neurose, um sie als eigenständige Form der Psychotherapie einzuordnen. Beides, Persönlichkeits- und Neurosentheorie ist zu Beginn der historischen Entwicklung in der Hypnose bei Messmer und zum jetzigen Zeitpunkt wieder bei Erickson in vager Form vorhanden. Damit deutet sich an, daß die Hypnose als Therapieform sich neu etabliert. Betrachtet man allerdings den dafür vorhandenen Unterbau an Empirie und Theorie, so erstaunt die Dürftigkeit – verglichen mit anderen Therapieschulen. Zwar ist der Wirkmechanismus verschiedener Maßnahmen zur Entspannung ziemlich klar und es existieren auch Ansätze zur Erklärung der sogenannten hypnotischen Phänomene wie etwa bei Hilgard (1977) oder bei Barber (1972). Es existiert auch eine Reihe experimenteller Befunde hierzu (Kapitel 11.5). Aber es gibt weder Hypothesen zur Erklärung von Entstehung und Heilung der Neurosen, noch besonders viele Daten zu den psychotherapeutischen Effekten. Bei Smith, Glass & Miller (1980) taucht Hypnose nur in 1% der kontrollierten Studien auf. Es herrschen Fallberichte vor, die in der Mehrzahl auf Erickson zurückgehen. Die Indikationsfrage ist bisher von niemandem ernsthaft gestellt worden. Die genannten Fallberichte deuten auf eine klare Indikation bei medizinisch nicht beeinflußbaren Schmerzzuständen, aber auch für viele andere neurotische und psychosomatische Störungen erscheint Hypnose demnach geeignet (ebenso die Entspannungsverfahren). Einige empirische Daten wurden bei einzelnen Verfahren besprochen. Während Entspannung, autogenes Training und Meditation eine prophylaktische, psycho-hygienische Funktion haben, wird Hypnose neuerdings als Universaltherapie beschrieben, die sich zwanglos in das humanistische Denksystem einfügt. Sie stellt einen ganzheitlichen Ansatz dar, der das Positive im Menschen betont und die kreativen Möglichkeiten fördert. Die oft ohne explizite Trance durchgeführten Gespräche und Suggestionen stellen eine eigenartige Mischung aus Lebensberatung und Vermittlung positiver Erfahrungen dar (vergleiche Haley, 1978). Das mag man einem »alten Weisen« abnehmen, aber als Therapieform, die unabhängig von der Person wirksam sein soll, wird es fragwürdig. Daher muß zunächst besser überprüft werden, inwiefern Hypnose eine ernstzunehmende Psychotherapie ist.

Die linguistische Analyse hypnotischer Suggestionen ergibt allerdings eine Perspektive – so spekulativ sie im Moment auch sein mag. Dadurch wird eine Querverbindung zwischen kognitiver Therapie (vergleiche Band 2, Kapitel 8) und der Ericksonschen Hypnotherapie möglich. Geht man davon aus, daß Erfahrungen sowohl in verbal kodierter Form wie auch in nicht-verbal kodierter Form im Bewußtsein repräsentiert werden, so stellt sich die kognitive Therapie als einseitige Betonung der verbalen Repräsentation dar. Imaginative Verfahren, zu denen auch die Hypnose gehört, ergänzen dieses Vorgehen, in dem sie die gesamte Repräsentation der Erfahrung nutzbar machen. Darauf soll in der Schlußbemerkung näher eingegangen werden.

Empfohlene Literatur

Birbaumer, N., Physiologische Psychologie, Springer, 1975

Erickson, M., Rossi, E. L., Hypnosetherapie. Aufbau – Beispiele – Forschung. München, Pfeiffer, 1981

Fromm, E. & Shor, R., Hypnosis, New York, Aldine, 1979

O'Hanlon, W. H., Hexum, A. L., An uncommon Casebook. The complete Clinical Work of M. H. Erickson, New York, Norten, 1991

Hilgard, E., The divided Consciousness, New York, Wiley, 1977

Ornstein, R. E., Psychologie des Bewußtseins, Frankfurt, Fischer TB 6317, 1976

Peter, B. & Gerl, W., Entspannung, München, Mosaik, 1977

Peter, B., Kraiker, Chr., Revenstorf, D., Hypnose und Verhaltenstherapie, Bern, Huber, 1991

Revenstorf, D., Klinische Hypnose, Heidelberg, Springer, 1993[2]

Schwäbisch & Sims, M., Selbstentfaltung durch Meditation, Reinbek, Rowohlt, 1976

Vaitl, D., Entspannungstechniken, in: Handbuch der Psychologie, Band 8, Göttingen, Hogrefe, 1978

Schlußbemerkung

Die Einordnung von Therapieformen unter die in diesen drei Bänden aufgestellten Kategorien (Tiefenpsychologie, Verhaltenstheorie, Humanismus) ist nicht unproblematisch. Die Gestalttherapie hat analytische Elemente, die Transaktionsanalyse und die Primärtherapie reklamieren für sich humanistische Ziele. Die vorgenommene Einteilung erscheint dennoch der Übersicht wegen sinnvoll. In diesem dritten Band wurden ohne Anspruch auf Vollständigkeit einige Therapieformen dargestellt, die sich humanistisch nennen. Verfahren, die die Beeinflussung des Körpers in den Vordergrund stellen, wurden nicht betrachtet (z. B. Bioenergetik), obwohl sie einen deutlichen Zusammenhang zur Gestalttherapie aufweisen und gewisse Zielsetzungen mit den hier genannten Therapieformen gemeinsam haben – wie z. B. die psychosomatische Einheit des Erlebens. Trotz dieser Einschränkungen hoffe ich, daß durch den Vergleich von Gesprächstherapie, Gestalttherapie und der Erickson'schen Hypnose eine gemeinsame Perspektive humanistischer Therapie deutlich geworden ist.

Vieles, was für die humanistische Therapie wichtig erscheint, ist empirisch schlecht belegt. Die Ergebnisse der gesprächstherapeutischen Forschung sind fragwürdig geworden, die Gestalttherapie hat kaum Untersuchungen aufzuweisen. Die Wirkung der Hypnose ist zwar in eingeschränkter, symptomspezifischer Anwendung nachgewiesen, die therapeutische Strategie Ericksons dagegen ist nur kasuistisch dokumentiert. Es mögen in manchem Leser daher Zweifel entstanden sein, was eigentlich die Kriterien einer effektiven Psychotherapie sind. Ist die Form der Auseinandersetzung des Klienten mit der »äußeren Welt« das entscheidende Indiz für die Verbesserung? Dann müßte der Therapieerfolg beobachtbar sein. Oder ist es die innere Repräsentation dieser Auseinandersetzung, in der sich die Veränderungen abspielen? Dann ist der Therapieerfolg über Selbstaussagen bestimmbar – und diese können auf Einstellungen ebenso beruhen wie auf verändertem Verhalten.

In diesem Zusammenhang ist die Frage der Spezifität der therapeutischen Intervention von Interesse. Sind es Rituale, die der Klient braucht, um seine Befindlichkeit zu ändern, und ist das Hauptziel der Therapie die Induktion von Hoffnung, oder sind es spezifische Maßnahmen, die am psychischen Mechanismus ansetzen, der die Störung bedingt? Manche Psychotherapeuten nehmen Mechanismen an, die den Aufbau, die Aufrechterhaltung und den Abbau eines psychischen Problems beschreiben: Abwehrmechanismen, Diskordanz von Empfindungen, Bedeutung und Verhalten, klassische und operante Konditionierung, Modellernen, Indoktrination, Selbstkommentierung u.a. Die Uneinheitlichkeit der in diesen Therapieformen postulierten Mechanismen hat Zweifel an ihrer Relevanz aufkommen lassen. Hinzu kommt der Befund, daß vermutlich die unterschiedlichsten Methoden eine gewisse Wirksamkeit haben (Smith, Glass & Miller 1981). Daher entbehrt Franks Behauptung (1981, vgl. Kapitel 1, Band 1) nicht einer gewissen Plausibilität, nämlich daß die Psychotherapie mit Placebomedikamenten vergleichbar sei und weitgehend unspezifisch auf die Hoffnung des Individuums wirke, sein Leben zu bewältigen. Ericksons behutsam gehaltene Äußerungen, daß der Klient in der Therapie lerne, gelernte Begrenzungen zu überschreiten, sind nicht weit von dieser Vorstellung entfernt und Banduras Konzept der subjektiven Kompetenz (1978) geht in die gleiche Richtung. Faßt man die Situation zusammen, dann ergibt sich schematisch eine Darstellung wie in Abbildung 11.17, aus der deutlich wird, daß Psychotherapie sich aus verschiedenen Gliedern zusammensetzt, deren getrennte Untersuchung von beschränktem Wert ist. Die Therapeutenqualitäten (1) sind z.T. als Interventionstechniken explizierbar – dennoch sind z.B. die Zuwendung zum Klienten und die uneingeschränkte Aufmerksamkeit des Therapeuten nicht so leicht trainierbar wie andere Fertigkeiten. Die Interventionen (2) müssen im Zusammenhang mit den psychischen Mechanismen (3) gesehen werden, an denen sie vermutlich angreifen. Die daraus resultierende Kombination von Grundlagenforschung (Mechanismen) und Therapieforschung (Interventionen) ist bisher nur in der Verhaltenstherapie realisiert worden. In ihrer antithetischen Position zur Psychoanalyse hatte sie sich allerdings zunächst auf ein Modell der externen Determination des Verhaltens festgelegt. Bei der Erweiterung der Verhaltenstherapie durch kognitive Aspekte ist die Einbeziehung entsprechender Grundlagenforschung eher lose. Der Zusammenhang der psychischen Mechanismen der einzelnen Störungsformen schließlich erfordert eine Psychopathologie (4), die

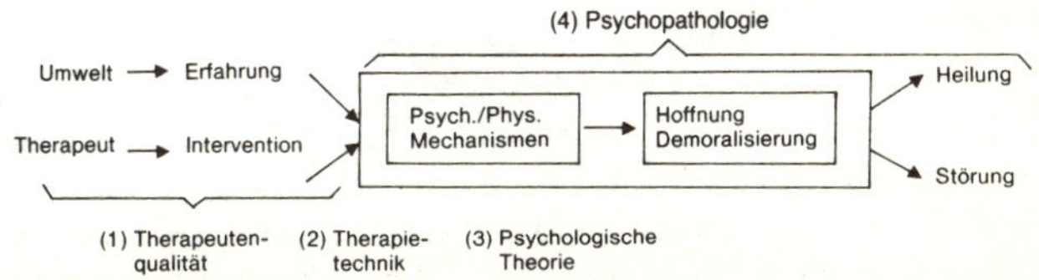

Abb. 11.17: Verschiedene Glieder der Psychotherapie

sich nicht auf phänomenale Klassifikationen beschränkt, sondern theoretisch begründet ist.

Was die in diesem Band beschriebenen Therapieformen – abgesehen von ihrem humanistischen Anspruch – gemeinsam haben, ist die Annahme, daß andere Mechanismen als die des Lernens und der Selbstverbalisation für die Veränderung des Klienten herangezogen werden können. So kann der Affekt dem Klienten subjektiv bedeutsame Erlebnisse vermitteln und einen wesentlichen Beitrag zu seiner Änderungsmotivation darstellen. In der Erlebnisaktivierung nämlich kann eine vollständige, über die verbale Kategorisierung hinausgehende Erfahrung gemacht werden, bei der Empfindung, Bedeutung und Ausdruck kongruent sind. Das gemeinsame Thema der erlebnisorientierten Behandlungsmethoden (Gesprächstherapie, Gestalttherapie, Körpertherapien) und der imaginativen Verfahren (Hypnose, katathymes Bilderleben, Desensibilisierung) kann in dem Bemühen gesehen werden, das Erleben des Klienten durch nonverbale Anteile zu ergänzen.

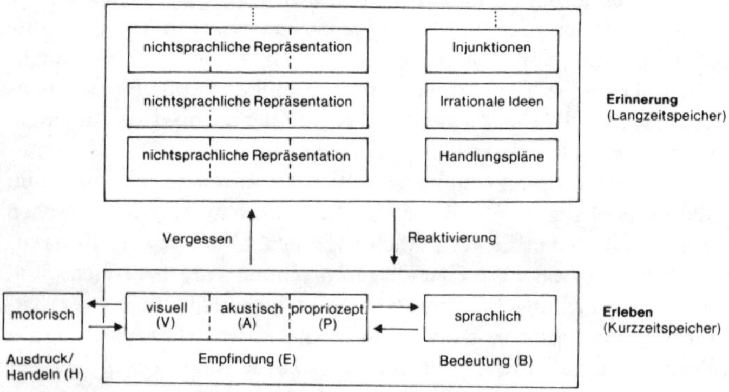

Abb. 11.18: Generelles kognitives Modell, in dem Erleben und Erinnerung sowohl sprachlich wie nichtsprachlich repräsentiert sind

Der Sinn dieser Aspekte von Psychotherapie ergibt sich aus der Annahme, daß Erfahrung sowohl im Erleben (Kurzzeitspeicher) wie auch in der Erinnerung (Langzeitspeicher) mehrfach kodiert wird. In Abbildung 11.18 ist dies schematisch dargestellt. Wenn man davon ausgeht, daß sowohl eine nichtsprachliche Kodierung der Sinneseindrücke, wie eine sprachliche Kodierung der Bearbeitung der Erfahrung vorliegt, werden mehrere Zugänge zum psychischen Geschehen deutlich. Jede dieser Repräsentationen kann das Handeln beeinflussen. Die wichtigsten Sinnesempfindungen sind in den meisten Situationen vermutlich die visuelle *(V)*, die akustische *(A)* und die propriozeptive *(P)*. Andere Sinnesorgane können gelegentlich ebenfalls eine Rolle spielen (Geruch, Geschmack). Die propriozeptiven Reize geben sowohl den Zustand des Bewegungsapparates wieder (z. B. Spannung) wie auch die vegetativen Reaktionen des Körpers (z. B. Herzrate, Magensekretion). Die Gesamtheit der Empfindungen (E) kann man als gefühlsmäßige Einschätzung der Situation ansehen. Die sprachliche Kodierung ergibt sich als das, was als Bedeutung (B) ins Bewußtsein dringt. Therapeutisch kann man nicht nur das Handeln (H) selbst beeinflussen (wie beim *operanten Lernen*), sondern man kann auch die sprachliche Bearbeitung von Erfahrungen (B) als Steuergröße einbeziehen wie es die kognitiven Therapien mit *Selbstkommentaren* und *Umstrukturierung* tun (vgl. Kapitel 8, Band 2):

Operantes Lernen:	Intervention →	H (→ E)
Umstrukturieren/ Selbstkommentierung:	Intervention →	B → E (→ H) B → H (→ E)

Letzten Endes wird durch Umlernen auch die gefühlsmäßige Einschätzung der Situation verändert (E), und durch Umstrukturieren wird entweder Handeln direkt oder mit Hilfe der Veränderung der Empfindung beeinflußt.

Ebenso läßt sich die nichtsprachliche Repräsentation der Erfahrung direkt beeinflussen, um sowohl Verhalten und Ausdruck (H) als auch die sprachliche Bearbeitung (B) zu verändern. Das wird häufig Erlebnisaktivierung genannt. Die systematische *Desensibilisierung* läßt sich hier einordnen, indem mit visuellen Vorstellungsübungen *(V)* und Entspannung *(P)* die Empfindung verändert und neues Verhalten initiiert wird:

Desensibilisierung: Intervention → E → H → (→ B)

Wenn man davon ausgeht, daß die verbale Repräsentation im allgemeinen dominant ist, d. h. die nichtverbale leicht überschattet, erscheint es sinnvoll, letztere zu fördern. Humanistische Therapien legen deshalb so viel Wert auf das Gefühl (E), weil sie annehmen, daß die sprachliche Verarbeitung häufig eine Verkürzung der Erfahrung darstellt. Das Individuum hat vielleicht von einer Situation (z. B. Entlassung) eine ganz bestimmte, nur eingeengte, Sichtweise entwickelt (z. B. als bedenklicher Verlust). Genauere Beachtung der Empfindungen (E), die in der Situation auftreten, machen jedoch u. U. klar, daß auch Ärger über eine schlechte Behandlung vorliegt. Der Rückgriff auf das non-verbale Erleben kann zu dieser zweiten Bedeutung führen und damit die Einschätzung der Situation verändern. Das ist, was das *Focusing* mit dem »shift« anstrebt, indem sie die sprachliche Interpretation des Erlebens für eine Zeit zurückzuhalten versucht. Das Focusing zielt also genau in die umgekehrte Richtung wie die kognitive Umstrukturierung:

Focusing: Intervention → E → B (→ H)

Das in der Gestalttherapie angestrebte *Bewußtseinskontinuum*, das auf die Entdeckung prägnanter Bedürfnisfiguren zielt, versucht gleichermaßen den Handlungs- bzw. Ausdrucksaspekt, den Empfindungsaspekt und den Bedeutungsaspekt des Erlebens zu beachten, um so vermiedene Inhalte und Tendenzen aufzuspüren, die den Menschen innerlich belasten, obwohl dies unter Umständen zur Vermeidung äußerer Auseinandersetzungen geführt hat.

Nicht nur das augenblickliche Erleben erfährt diese doppelte (sprachliche und nichtsprachliche) Repräsentation. Die gesamte Erfahrung ist vermutlich so abgespeichert, wie die hirnchirurgischen Experimente von Penfield zeigen. Er konnte durch elektrische Stimulation des geöffneten Gehirns Erinnerungen ganzheitlich non-verbal abrufen, so daß sie dem Patienten wie waches Erleben vorkamen (vgl. Kapitel 8, Band 2). Demnach haben wir unsere Lebenserfahrung in Bildern, akustischen, propriozeptiven und anderen sinnlichen Mustern ebenso wie als sprachliche Etiketten gespeichert. Diese sprachlichen Kodierungen können die Form von *Handlungsplänen* annehmen, wie sie in der vertikalen Verhaltensanalyse untersucht werden. Hierbei wird eine hierarchische Anordnung der sprachlichen Speicherinhalte (semantische Netze) angenommen, bei denen Oberziele verschiedene Lebenserfahrungen zusammenfassen. Solche Handlungspläne können günstige und ungünstige Lebensprogramme darstellen. Die Transaktionsanalyse unterscheidet hier zwischen *Rezepten* und sabotierenden *Injunktionen* (vgl. Kapitel 4, Band 1). Diese negativen Bestandteile des Lebensscripts hat sich das Kind in seiner Jugend durch ungünstige symbiotische Bedingungen angeeignet. Ähnlich hinderliche Lebensprogramme kommen in den *irrationalen Ideen* der kognitiven Therapie zum Ausdruck (vgl. Kapitel 8, Band 2). Widersprechende Handlungspläne, die im Individuum residieren, können miteinander in Konflikt geraten und das Individuum in ein neurotisches Dilemma bringen (z. B. die Pläne: »Suche Anerkennung« und »Fall nicht auf«). Die kognitive Therapie macht solche Handlungspläne, die das Individuum behindern, bewußt und der Therapeut diskutiert mit dem Klienten deren Irrationalität *(rationaler Disput).* In Dialogen der Gestalttherapie nimmt der Klient selbst verschiedene innere Positionen ein, um die Handlungspläne in ihrer Wichtigkeit gegeneinander abzuwägen. Dabei aktiviert er den nichtsprachlichen Teil dieser Erfahrung, d.h. die Erlebnisse, die mit der Entstehung solcher Handlungspläne zusammenhängen. Er kann sich dann im *Dialog* mit den Bezugspersonen seiner Lerngeschichte auseinandersetzen, die zu diesen neurotischen Konzeptionen geführt haben. Ebenso macht es die Transaktionsanalyse. Erickson auf der anderen Seite versucht häufig in einer Art non-verbaler Umstrukturierung den Bezugsrahmen des Klienten zu ändern. Er macht die nichtverbale Repräsentation solcher Erinnerungen zugänglich, die ihm in der augenblicklichen Situation helfen können *(Reframing)*. Um den Zugang zu den häufig visuell provozierten Erinnerungen zu erleichtern, glaubt er, die Dominanz der sprachlichen Repräsentation zurückdrängen zu müssen und nennt den dadurch entstehenden Bewußtseinszustand Hypnose. In sicherlich verkürzter Weise kann man die genannten therapeutischen Verfahren in der oben begonnenen schematischen Weise ausdrücken; dabei bedeutet der Übergang von B' nach B das Bewußtmachen einer Bedeutung, dasselbe gilt für Empfindungen:

Rationaler Disput:	Intervention	$\rightarrow B'_i \rightarrow B_i \rightarrow B_r$
Gestalt-Dialog:	Intervention	$\left.\begin{matrix}(E,B)'_1 \rightarrow (E,B)_1 \\ (E,B)'_2 \rightarrow (E,B)_2\end{matrix}\right\} \rightarrow H_3$
Reframing:	Intervention	$(E_-,B_-)+E_+' \rightarrow (E_+,B_+) \rightarrow H$

Die skizzierten Zusammenhänge mögen verdeutlichen, wie eine gemeinsame Perspektive im Sinne einer integrierten Therapieform möglich ist, die sich aus verschiedenen Ansätzen herleitet. Therapieforschung, die diese Perspektive auslotet, könnte sich mit der Rolle des Affekts in der Therapie ebenso beschäftigen wie mit der Attribution: welche Empfindungen gehören zu meiner kognitiven Verarbeitung, und welche früheren Erfahrungen haben mich dazu gebracht, der Situation eine bestimmte Bedeutung beizumessen, die mich in bestimmter Weise handeln läßt? Hier taucht die Frage auf, zu welchem Zeitpunkt der Klient bereit ist, Attribution und Affekt zu erleben, und wie man den richtigen Moment dafür bestimmen kann. Eine weitere Frage ist, inwieweit veränderte Bewußtseinszustände (z.B. LSD, Hypnose) hierbei hilfreich sind. Ein weiteres Problem ist die Frage, inwieweit die Diskordanz und die Konkordanz von Kognition, Empfindung und Verhalten für die subjektive Befindlichkeit des Klienten eine Rolle spielen.

Die Vielfalt und Widersprüchlichkeit klinischer Phänomene und therapeutischer Verfahren kann dazu führen, den Glauben an die spezifische Wirksamkeit bestimmter Interventionen aufzugeben. Man kann den Umstand, daß die unterschiedlichsten Techniken alle eine gewisse Evidenz ihrer Wirksamkeit erbringen, aber auch so interpretieren, daß es sich beim therapeutischen Prozeß um ein komplexes Phänomen handelt, zu dem eine Reihe interessanter Zugänge erarbeitet wurden, die noch Widersprüchlichkeiten in sich bergen, aber deren Konvergenz sich ebenfalls abzeichnet.

Asher, R. Respectable Hypnosis. In: British Medical Journal, 11, 1956, S. 309–313
Arendt, B. & Ludwig, G. Zur Problematik der therapiezielorientierten Tests. Universität Kiel: unveröffentlichte Dissertation, 1978
Axline, V. M. Play therapy. Deutsch: Kinderspieltherapie. München: Kindler, 1972
Balint, M. Angstlust und Regression. Ein Beitrag zur psychologischen Typenlehre. Stuttgart: Klett, 1959
Balint, M., Ornstein, P. H. & Balint, E. Focal psychotherapy. Tavistock Publ., 1972
Bandler, R. & Grinder, J. Patterns of hypnotic technique of Milton H. Erickson. Cupertino: Meta, 1975 a
Bandler, R. & Grinder, J. The structure of magic I. Palo Alto/Cal.: Science and Behavior Books, 1975 b
Bandler, R. & Grinder, J. Frogs into Princes, Moab/Utah, Real People Press, 1979
Bandura, A. The Self-System in Recirocal Determinism, American Psychologist, 1978, 33, 344–358
Barber, Th. X. Measuring »hypnotic-like« suggestibility with and without »hypnotic induction«; psychometric properties, norms, and variables influencing response to the Barber Suggestibility Scale (BSS). In: Psychological Reports, 1965, 16, 809–844
Barber, Th. X. & De Moor, W. A theory of hypnotic induction procedures. In: The American Journal of Clinical Hypnosis, 1972, Vol. 15, No. 2
Barber, Th. X., Spanos, N. P. & Chaves, J. F. »Hypnosis«, directed imagining, and human capabilities. New York: Aldine Publishing, 1973
Barrett-Lennard, G. T. 1962, zitiert nach Minsel, 1973
Bergin, A. E. The evaluation of psychotherapy research. In: A. E. Bergin & S. L. Garfield (Eds.), Handbook of psychotherapy and behavior change. New York: Wiley, 1971
Bergin, A. E. & Jasper, L. G. Correlates of empathy in psychotherapy: A replication. Journal of Abnormal Psychology, 1969, 74, 477–481
Bergin, A. E. & Garfield, S. L. Handbook of psychotherapy and behavior change, 1971. New York: Wiley
Bertalanffy, L. v. General system theory and psychiatry. In: S. Arieti (Ed.), American Handbook of Psychiatry, 1974, Vol. I, 1095–1117
Birbaumer, N. Physiologische Psychologie. Springer, 1975
Birbaumer, N. Biofeedback. In: L. J. Pongratz (Ed.), Handbuch der Psychologie, Bd. 8: Klinische Psychologie. Göttingen: Hogrefe, 1978
Blakeslee, T. R. The right brain. New York: Anchor Press, 1980
Bommert, H. Grundlagen der Gesprächspsychotherapie. Stuttgart: Kohlhammer, 1977 (4. Aufl. 1987)
Bommert, H. & Dahlhoff, H.-D. (Hrsg.). Das Selbsterleben in der Psychotherapie. München: Urban & Schwarzenberg, 1978
Bühler, Ch. & Allen, M. Einführung in die humanistische Psychologie. Stuttgart: Klett, 1973
Carkhuff, R. R. Helping and human relations. New York: Holt, Rinehart & Winston, 1969

Cedercreutz, C., Lätheemaki, R. & Toklikonra, J. Hypnotic treatment of headache and vertige in skull injured patients. Intern. Journal of Clinical and Experimental Hypnosis, 1976, 195–121
Chomsky, N. Die formale Natur der Sprache. In: E. H. Lenneberg, Biologische Grundlagen der Sprache. Frankfurt/Main: Suhrkamp, 1977, S. 483–539
Collison, D. R. Hypnotherapy in astmatic patients and the trance depth. New South Wales/Australia: Chatswood 1978
Denner, B. Deception decision making and Gestaltherapy. In: J. Fagan & I. L. Sheperd (Eds.), Gestalt Therapy now. New York: Science Behavior Books, 1970
Di Loreto, A. O. Comparative Psychotherapy, Chicago: Aldine, 1971
Dills, R., Grinder, J., Bandler, R., Bandler, L. C. & De Lozier, J. Neurolinguistic programming: Volume I – The study of the structure of subjective experience. Capertino: Meta, 1981
Dollard, J. & Miller, N. E. Personality and psychotherapy. New York: Wiley, 1950
Eckert, J. & Schwartz, A. J. Prozesse in der client-centered Gesprächspsychotherapie. Universität Hamburg: Dissertation, 1974.
Erickson, M. H. & Rossi, E. L. Hypnotherapie. Aufbau – Beispiele – Forschungen. München: Pfeiffer, 1981
Erickson, M. H. & Rossi, E. L. & Rossi, S. L. Hypnose, Induktion, Psychotherapeutische Anwendungen, Beispiele. München: Pfeiffer, 1978
Fagan, J. & Shepherd, I. L. Gestalt Therapy Now. New York: Harper & Row, 1970
Florin, I. Entspannung – Desensibilisierung. Stuttgart: Kohlhammer, 1978
Ford, D. H. & Urban, H. B. Systems of psychotherapy. New York: Wiley, 1973
Frank, J. D. Die Heiler. Stuttgart: Klett-Cotta 1981
Frankl, K. E. Der Wille zum Sinn, Bern: Huber, 1978
Fromm, E. Psychoanalyse und Ethik. Frankfurt: Ullstein 1954
Fromm, E. & Shor, R. Hypnosis, New York: Aldine, 1979
Garfield, S. L. & Bergin, A. E. Handbook of psychotherapy and behavior change. New York: Wiley, 1978
Gendlin, E. T. Focusing (1974). Salzburg: Otto Müller Verlag, 1980
Gordon, D. Therapeutic metaphors. Cupertino: Meta Publ., 1978
Goetze, H. & Jaede, W. Die nicht-direktive Spieltherapie. München: Kindler, 1974
Goldstein, A. Methoden zur Verbesserung von Beziehungen. In: F. H. Kanfer & A. Goldstein (Hrsg.), Möglichkeiten der Verhaltensänderung. München: Urban & Schwarzenberg, 1977
Graham, Ch. & Leibowitz W. The effect of suggestion on visual acuity. In: The Intern. Journal of Clinical and Experimental Hypnosis, 1972, Vol. XX, No. 3, 169–186
Grawe, K. Differentielle Psychotherapie I. Stuttgart: Huber, 1976
Grinder, J., De Lozier, J. & Bandler, R. Patterns of the hypnotic techniques of Milton H. Erickson, M. D., Vol. 2. Cupertino/Cal.: Meta Publ., 1977
Groff, S. LSD – Psychotherapy and human culture. J. of the Study of Conscionsness 1970, 3, 100–118
GWG. Die klientenzentrierte Gesprächspsychotherapie. München: Kindler, 1975

Gurman, A. S. & Razin, A. M. Effective psychotherapy. Handbook of research. New York: Pergamon, 1977
Halder, P., Junkers, G. & Latka, H. Die Stanford-Skala zur Erfassung der hypnotischen Suszeptibilitat. In: Diagnostica, 1970–1972, 16–18 (1972, 1. Quartal, Heft 1, XVIII Jahrg.)
Haley, J. Die Psychotherapie Milton H. Ericksons. München, 1978
Hart, J. T. & Tomlinson, J. T. New Directions in client-centered therapy, Boston, 1970
Hartland, J. Further observations on the use of »Ego-Strengthening« techniques. In: The American Journal of Clinical Hypnosis. July 1971, Vol. 14, No. 1
Hilgard, E. The divided consciousness, New York: Wiley, 1977
Jacobson, E. Progressive Relaxation. Chicago, 1938
Kempler, W. Grundzüge der Gestalt-Familientherapie. Stuttgart: Klett, 1975
Köhler, W. The task of Gestalt Psychology. Princeton: Princeton University Press, 1972
Kretschmer, E. Über gestufte aktive Hypnoseübungen. Deutsche Medizinische Wochenschrift, 1946, 71, 281–283
Kroger & Fetzler, Hypnosis and Behavior Therapy, Imagery Conditioning, 1976
Langen, D. Die gestufte Aktivhypnose. Stuttgart: Thieme, 1972
Langen, D. Möglichkeiten der Hypnosetherapie. In: Handbuch der Psychologie, 1978, Band 8. Göttingen: Hogrefe
Lankton, S. Practical Magic. A translation of basic neurolinguistic programming into clinical psychotherapy. California: Meta Publ., 1980
Lazarus, A. A. Verhaltenstherapie im Übergang. Stuttgart: Klett, 1974
Lazarus, A. A. Multimodale Verhaltenstherapie. Frankfurt/Main: Fachbuchhandlung für Psychologie, 1976
Lazarus, A. Innenbilder, Imagination in der Therapie und als Selbsthilfe. München: Pfeiffer, 1980
Leuner, H.-C. Kathatymes Bilderleben. Stuttgart: Thieme, 1970
Levitsky, A. & Perls, F. S. The rules and games of Gestalt Therapy. In: J. Fagan & I. L. Spepherd (Eds.), Gestalt Therapy now. New York: Science Behavior Books, 1970
Luborsky, L., Singer, B. & Luborsky, L. Comparative studies in psychotherapie. Archives of General Psychiatry, 1975, 32, 995–1008
Luthe, W. (Hrsg.) Autogenic therapy. New York: Grune & Stratton, 1970
Maslow, A. A. Psychologie des Seins (1968). München: Kindler, TB 2195, 1973
Marcus, E. H. Gestalt Therapy and beyond. Cupertino/Cal: Meta Publ., 1979
Marks, I. Behavioral psychotherapy of adult neurosis. In: S. L. Garfield & A. E. Bergin (Eds.), Handbook of psychotherapy and behavior change. New York: Wiley, 1978
Martin, D. G. Gesprächspsychotherapie als Lernprozeß, Salzburg: O. Müller Verlag, 1975
Mayer, M. Technik der Hypnose, München: Lehman, 1967
Meltzoff, J. & Kornreich, M. Research in psychotherapy. New York: Atherton Press, 1970
Mesmer, F. A. Schreiben über Magnetkur, 1775, zitiert nach D. Langen, 1978
Meyer, A. E. The Hamburg short-cycle therapy comparison experiment. Psychotherapy and Psychosomatics, 1981, 35, 2–3

Meyer, A. E., Richter, R., Grawe, K., Graf von Schulenburg, J. M., Schulte, B. Forschungsgutachten zu den Fragen eines Psychotherapeutengesetzes. Bonn: BMJFG, 1991
Minsel, W. R. Praxis der Gesprächspsychotherapie. Wien: Boehlhaus, 1974
Minsel, W. R. & Zielke, M. Theoretische Grundlage der Gesprächspsychotherapie. In: L. J. Pongratz (Hrsg.), Handbuch der Psychologie, 1978, Band 8: Klinische Psychologie. Göttingen: Hogrefe
Mitchell, K. M., Bozarth, J. D. & Krauff, C. C. A reappraisal of the therapeutic effectiveness of accurate empathy nonpossessive warmth and genuiness. In: A. S. Gurman & A. M. Razin (Eds.), Effective Psychotherapy. New York: Pergamon, 1977
Naranjo, C. Present centeredness: Technique prescription and ideal. In: J. Fagan & I. L. Shepherd (Eds.), Gestalt Therapy now. New York: Science Behavior Books, 1970
Orne, M. T. The nature of hypnosis artifact and essence. Journal of Abnormal and Social Psychology, 1959, 58, 277–299
Ornstein, R. E.: Psychologie des Bewußtseins. Fischer, TB 6317, 1976
Parloff, M. B., Waskow, I. E. Research on therapist variables in relation to process and outcome. In: S. C. Garfield & A. E. Bergin, Handbook of psychotherapy and behavior, 1978
Perls, F. S. Ego, hunger and aggression. New York, Vintage Books, 1969
Perls, F. S. Gestalt therapy verbatim. New York: Bantam Books, 1974
Perls, F. S. Gestalt therapy. New York: Bantam Books, 1977
Perls, F. S. Grundlagen der Gestalttherapie – Einführung und Sitzungsprotokolle (1973). München: Pfeiffer, 1980
Perls, F. S., Hefferline, R. F. & Goodman, P. Gestalttherapie, Teil I und Teil II (1951). Stuttgart: Klett Cotta, 1980
Perls, L. Two instances of Gestalt therapy. Brooklyn: Kings County Hospital, 1956
Pfeiffer, W. M. Erklärungsmodelle zum Verlauf der psychotherapeutischen Prozesse. In: GWG. München: Kindler, 1975
Peter, B. & Gerl, W. Entspannung. München: Mosaik, 1977
Perrez, M. Gesprächspsychotherapie als Therapie internal motivierter Konflikte, 1975
Perry, C. & Mullen, G. The effects of hypnotic susceptibility on reducing smoling behavior treated by hypnotic technique. Journal of Clinical Psychology, 1975, 31, 498–505
Perry, C., Gelfand, R. & Marcovitch, P. The relevance of hypnotic susceptibility in the clinical context. Journal of Abnormal Psychology, 1979, 88, 592–603
Plog, U. Differentielle Psychotherapie II. Stuttgart: Huber, 1976
Polster, E. & Polster, M. Gestalttherapie. München: Kindler, 1975
Prokasy, W. & Raskin, D. Electrodermal activity in psychological research, New York: Academic Press, 1973
Rachman, J. The effects of psychotherapy. Oxford: Pergamon, 1971
Rachman, J. & Wilson, G. T. The effects of psychological therapy. London: Pergamon, 1980
Ramsay, R. W. Therapie einer schweren Verlustreaktion. In: Eysenck (Hrsg.), Verhaltenstherapeutische Fallstudien. Salzburg: Müller, 1979
Rank, Th. The trauma of birth. New York: Harper-Row, 1931
Reich, W. Charakteranalyse (1933). Amsterdam: de Munter, 1969
Revenstorf, D. Die dritte Kraft: Humanistische Psychologie. In: R. Stahlmann (Hrsg.), Kindlers Handbuch der Psychologie. München: Kindler, 1982

Rogers, C. R. (1951). Die klientenbezogene Gesprächstherapie. München: Kindler, 1973
Rogers, C. R. A theory of therapy, personality, and interpersonal relationships, as developed in the client-centered framework. In: S. Koch (Ed.), Psychology – a study of sciende, 1959, Vol. III, 184–256. Mc Graw Hill
Rogers, C. R. (1961). Die Entwicklung der Persönlichkeit. Stuttgart: Klett, 1973
Rogers, C. R. Encountergruppen. München: Kindler, 1974
Rogers, C. R. Die Kraft des Guten. München: Kindler, 1978
Rogers, C. R. & Dymond, R. R. Psychotherapy and personality. Chicago: Change, 1954
Rogers, C. R., Gendlin, E., Kiesler, D. V. & Truax, L. B. Therapeutic relationship and its impact. A study of psychotherapy with schizophrenics. Madison: University of Wisconsin Press, 1967
Rogers, C. R. Entwicklung und gegenwärtiger Stand meiner Ansichten über zwischenmenschliche Beziehungen. In: GWG. München: Kindler. 1975
Rosanes-Berett, M. B. Gestalttherapy as an adjunct treatment for some visual problems. In: J. Fagan & I. L. Shepherd (Eds.), Gestalt Therapy now. New York: Science Behavior Books, 1970
Rudolph, J. Psychische Änderungen durch die Gesprächspsychotherapie und deren Bedingungen in der Sicht der Klienten. Universität Hamburg: unveröffentlichte Dissertation, 1975
Sander, K. Alternierende Gesprächspsychotherapie. Universität Hamburg: Dissertation, 1971
Sartre, J. P. Ist Existentialismus Humanismus? Frankfurt: Ullstein, 1981 (1943)
Schwaebisch, L. & Siems, M. Selbstentfaltung durch Meditation. Rowohlt, 1976
Schultz, J. H. Hypnose-Technik. Stuttgart: Fischer, 1979
Schwartz, H. J. Empirisch überprüfte Prozeßmerkmale in der Psychotherapie. In: GWG (Hrsg.), Die klientenzentrierte Gesprächstherapie. München: Kindler, 1975
Schwartz, A. J. & Eckert, J. Prozesse in der client-centered Gesprächspsychotherapie. Diss. Univ. Hamburg, 1974
Simkin, J. S. Gestalt therapy. Milbrae/Cal.: Celestial Arts, 1976
Smith, M. L., Glass, G. V. & Miller, T. The benefit of psychotherapy. New York, 1981
Smith, M. C. & Glass, G. V. Meta analysis of therapy outcome. American Psychologist, 1977, 32, 752–760
Sloane, R. B., Staples F. C., Cristol, A. H., Yorkston, N. J. & Whipple K. Psychotherapy versus behavior therapy. Cambridge: Harvard University Press, 1975
Spanos, N. P. & Barber, Th. X. »Hypnotic« experience inferred from subjective reports: auditory and visual hallucinations. Journal of Experimental Research in Personality, 1969, 3, 136–150
Spanos, N. P. & Gottlieb, J. Demonic possession, Mesmerism and hysteria: A social psychological perspective on their historical relations. J. of Abnormal Psychology, 1979, 88, 527–547
Speisman, J. Depth of interpretation and verbal resistance in psychotherapy. Journal of Clinical and Consulting Psychology, 1959, 23, 93–99

Sperry, R. The great cerebral comissure. Scientific American, 1964, 174, 42–93

Staines, G. L. A comparison of approaches to therapeutic communication. Journal of Counseling Psychology, 1969, 16, 405–414

Stevens, J. O. Die Kunst der Wahrnehmung. München: Chr. Kaiser, 1980

Strong, S. R. Social psychological approach to psychotherapy research. In: S. L. Garfield & A. E. Bergin, 1979.

Strotzka, H. Fallstudien zur Psychotherapie. München: Urban & Schwarzenberg, 1979

Strupp, H. H. On the basic ingredients of psychotherapy. Journal of Consulting and Clinical Psychology, 1973, 41, 13–15

Süss, H. J. & Martin, K. Gestalttherapie. In: L. Pongratz (Hrsg.), Handbuch der Psychologie, Band 8: Klinische Psychologie. Göttingen: Hogrefe, 1978

Tausch, R. Gesprächspsychotherapie. Göttingen: Hogrefe, 1974

Tausch, R. & Tausch, A. Personenzentrierte Gesprächspsychotherapie. In: L. Pongratz (Hrsg.), Handbuch der Psychologie, Band 8: Klinische Psychologie. Göttingen: Hogrefe, 1978

Truax, Ch. B. Therapist interpersonal reinforcement of client self exploration and therapeutic outcome in group psychotherapy. Journal of Counseling Psychology, 1968, 15, 225–231

Truax, Ch. B. & Mitchel, K. M. Research on certain therapist interpersonal skills in relation to process and outcome. In: A. E. Bergin & S. L. Garfield, Handbook of psychotherapy and behavior change. New York: Wiley, 1971

Truax, Ch. B. & Carkhuff, R. R. Towards effective counseling and psychotherapy. Training and practice. Chicago: Aldine, 1967

Truax, Ch. B., Carkhuff, R. R. & Kodman, F. Relationships between therapist-offered conditions and patient change in group psychotherapy. Journal of Clinical Psychology, 1965, 31, 327–329

Tscheulin, D. Gemeinsame Grundelemente in verschiedenen Psychotherapieformen. In: E.-R. Rey (Hrsg.), Klinische Psychologie. Stuttgart: Fischer, 1980

Vaitl, D. Entspannungstechniken. In: Handbuch der Psychologie, Band 8. Göttingen: Hogrefe, 1978

Wallen, R. Gestalt Therapy and Gestalt Psychology. In: Fagan, J. & Shephard I. L. (Eds.): Gestalt Therapy now. New York: Science and Behavior Books, 1970

Weitzenhoffer, A. M. & Hilgard, E. R. Stanford Hypnotic Susceptibility Scale. Palo Alto, 1959

Wolpe, J. (1969). Praxis der Verhaltenstherapie. Stuttgart: Huber, 1972

Zeig, J. A. teaching seminar with Milton H. Erickson, New York: Brunner & Mazel, 1980

Zeigarnik, B. On finished and unfinished tasks. In: W. Ellis (Ed.) A source book of Gestalt psychology. London: Rentledge, 1938

Zielke, M. Indikation zur Gesprächspsychotherapie. Stuttgart: Kohlhammer, 1979